Aus Freude am Lesen

btb

Buch

Wie kaum ein anderer Autor versteht es Barry Lopez dem Wunsch der Menschen nach einem Leben im Einklang mit der Natur, der Sehnsucht nach innerem Frieden und harmonischem Miteinander Ausdruck zu verleihen. Die Helden seiner Geschichte sind Suchende, oftmals im wörtlichen Sinne: Die Frau, die von Berufs wegen am Naturhistorischen Museum in New York mit untrüglichem Auge in Gesteinsformationen urzeitliche Versteinerungen entdeckt. Sie ist keine Wissenschaftlerin, und doch sieht – und findet – sie mehr als ihre akademischen Kollegen. Der erfolgreiche Wissenschaftler mit Bilderbuchkarriere, ein Spezialist für exotische Pflanzen, der erkennen muss, dass ihm seine Frau und seine Tochter fremd geworden sind, und dem die einfachen Feldblumen vor seiner Haustür den Weg zurück zu seiner Familie weisen. Oder der Bruder, der seine Schwester sucht, einst das schwarze Schaf der Familie und jetzt eine berühmte Läuferin, die wie keine andere die Welt der Canyons kennt, Pfade entdeckt und Relikte der alten indianischen Kultur aufspürt an Orten, die für andere unerreichbar scheinen.

Barry Lopez erzählt eindringlich und prägnant, seine Sprache ist präzise und ohne Schnörkel. Aber gerade diese Ökonomie des Erzählens macht den großen Reiz dieser Geschichten aus. Funkelnden Kristallen gleich reihen sie sich aneinander, einfach und klar und doch von einem magischen Zauber. »Ein großer Erzähler« (Margaret Atwood).

Autor

Barry Lopez, geboren 1945 in Port Chester, wuchs in der Nähe von Los Angeles auf und studierte in New York. Über seine unzähligen Reisen an den Nord- und Südpol, nach Afrika, Asien und Australien veröffentlichte er mehrere überaus erfolgreiche Bücher. »Arktische Träume« wurde mit dem National Book Award ausgezeichnet und stand monatelang an der Spitze der amerikanischen Bestsellerlisten. Er ist Mitherausgeber der Zeitschriften *North American Review* und *Harper's*. Barry Lopez lebt mit seiner Frau in Oregon.

Barry Lopez bei btb

Arktische Träume (72642)

Barry Lopez

Winterchronik
Wanderwege

*Aus dem Amerikanischen
von Hans-Ulrich Möhring*

btb

Originaltitel: »Wintercount«
»Field Notes«

Umwelthinweis:
Alle bedruckten Materialien dieses Taschenbuches
sind chlorfrei und umweltschonend.

btb Taschenbücher erscheinen im Goldmann Verlag,
einem Unternehmen der Verlagsgruppe Random House GmbH.

1. Auflage
Deutsche Erstveröffentlichung Oktober 2001
Winterchronik
Copyright © 1976, 1980, 1981 by Barry Holstun Lopez
Copyright © der deutschsprachigen Ausgabe 2001
by Wilhelm Goldmann Verlag, München, in der
Verlagsgruppe Random House GmbH
Wanderwege
Copyright © 1994 by Barry Holstun Lopez
Copyright © der deutschsprachigen Ausgabe 2001
by Wilhelm Goldmann Verlag, München, in der
Verlagsgruppe Random House GmbH
Umschlaggestaltung: Design Team München
Umschlagfoto: Premium/Stenzel
Satz: Uhl+Massopust, Aalen
KR · Herstellung: Augustin Wiesbeck
Made in Germany
ISBN 3-442-72688-3
www.btb-verlag.de

Inhalt

Winterchronik

Aufarbeitung 11
Winterreiher 20
Bisons 27
Das Planetarium 32
Winterchronik 1973: Gänse,
   sie flogen im Gewitter 40
Die Tapisserie 48
Die Frau mit den Muscheln 56
Der Mann, der die Wörter liebte 63
Der Verlauf des Flusses 70

Wanderwege

In Hörweite von Vögeln 81
Teal Creak 88
Empiras Bildteppich 97
Das freie Grundstück 106
Gespräch 115
Pearyland 122
Der Neger in der Küche 132

Das Ersuchen der Wiideema 142
Heimkehr 152
Sonora 161
Die Järve 173
Die Läuferin 181

Winterchronik

*Für Freunde,
ihrer ungewöhnlichen Güte wegen*

Wenn die langen Briefe
geschrieben und gelesen und
gelassen sind, wenn
Entfernungen absolut werden
und auch das Reden
Entfernung ist, bleibt
nur das Hören.

Ich habe die dunklen Herzen
der Steine gehört,
die einmal im Leben schlagen.

WILLIAM PITT ROOT

Wir kennen den Sinn des Drachens ebenso wenig wie den Sinn des Universums, aber in seinem Bild ist etwas, das in Einklang steht mit der Vorstellungskraft der Menschen, und so erscheint der Drache in verschiedenen Gebieten und zu verschiedenen Zeiten.

JORGE LUIS BORGES

Bei einigen Indianerstämmen der nördlichen Prärien hob man, stellvertretend für die Zeitspanne von einem Sommer zum nächsten, ein einzelnes denkwürdiges Ereignis heraus. Eine Aneinanderreihung solcher Denkwürdigkeiten, sei es als Bilderschrift auf einem Bisonfell oder mündlich vorgetragen, nannte man eine Winterchronik. Es war durchaus möglich, dass in ein und demselben Stamm gleichzeitig verschiedene Winterchroniken geführt wurden, jede geprägt von der persönlichen Sicht des Chronisten.

Aufarbeitung

Kurz hinter der Grenze zu Montana in North Dakota, nördlich der Ortschaft Killdeer, steht eine herrschaftliche Villa. Sie wurde 1863 im damaligen Grenzland als Teil eines großen Anwesens für eine adelige Familie gebaut, die de Crenirs aus Bordeaux. Als der Letzte de Crenir im Jahre 1904 in Frankreich starb, kam das zweigeschossige viktorianische Gebäude, seine Einrichtung und der umliegende Grund und Boden in den Besitz der Gemeinde Killdeer. Als deplatziertes Kuriosum in der weiten braunen Hügellandschaft ist es seitdem eine Touristenattraktion.

Es gibt verschiedene Erklärungen dafür, warum das Haus an solch einem unwirtschaftlichen Fleck gebaut wurde, nachdem der Pelzhandel sich schon verlagert hatte, aber bevor die Indianerkriege vorbei und die Siedlerwellen so weit vorgerückt waren. Irgendwann kam die Eisenbahn, doch die ersten de Crenirs hatten von Saint Louis aus 700 Meilen mit dem Schiff und den Rest der Strecke zu Pferde zurücklegen müssen. Laut einem Faltblatt für die Touristen hatten die Besitzer daran gedacht, ein Rinderimperium zu begründen, aber ihre Aufenthalte waren zu sporadisch und zu kurz. Trotz des reichen Mobiliars, das man antransportieren und aufstellen ließ, und der erheblichen Kosten und Mühen, die bei dem Bau anfielen, blieb nur ein Mitglied der Familie, René de Crenir, jemals über Winter. Seine Besuche begannen im Frühjahr 1883, und von da an kam er alljährlich im Frühling und reiste im Herbst wieder ab, bis er sich 1887 dauerhaft dort niederließ. Sieben Jahre später, im Sommer 1894, zog er urplötzlich weg, und kein de Crenir ward dort je wieder gesehen. Dieser junge de Crenir, berichtet das Faltblatt weiter, war auch der Einzige aus der Familie, der regelmäßig mit Leuten aus dem Ort verkehrte oder der sich mehr als einen Tagesritt weit in das umliegende Land begab.

Das grau-weiße Haus macht heute den Eindruck eines militärischen Außenpostens am Rande eines Reiches der Stille und der Weite, eines Reiches, das zu jener Zeit, als das Haus gebaut wurde, den Bisons, Bären, Gabelböcken, Wölfen, Hunkpapa-Sioux, Crow weiter im Westen und anderen gehörte. An Dingen von Wert ist heute außer dem Haus selbst und ein paar Stilmöbeln eigentlich nur noch eine Sammlung außergewöhnlicher Bücher übrig.

Im Sommer 1974 wurde diese Sammlung gerade von einem Mann namens Edward Seraut restauriert. Auf der Fahrt nach Osten sah ich vor Killdeer ein Schild am Straßenrand – HISTORIC FRENCH · CHATEAU · 12 MILES · ICE CREAM · COOL DRINKS · SOUVENIRS – und fuhr hin und besichtigte zusammen mit andern Leuten, die Urlaub machten, die Villa. Danach begab ich mich, mit Erlaubnis des Wärters und in der Hoffnung auf ein Gespräch, noch einmal in die Bibliothek im ersten Stock und machte mich nach kurzem Zögern mit Seraut bekannt.

Er war mir sofort ins Auge gesprungen, still, wie trauernd, in Hemdsärmeln auf einem schlichten Stuhl sitzend, ein lädiertes Buch auf dem Schoß. Er mochte etwas über sechzig sein. Mein Interesse schien ihn zu freuen, obwohl er zunächst erschrak, als ich herantrat. Er zeigte mir, immer noch mit einem leicht befremdeten Blick, ein paar der Bücher, die durch seine Hände gegangen waren – einen mächtigen Folioband mit Farbdrucken nordamerikanischer Säugetiere von Karl Bodmer und ein Exemplar von La Mettries *L'homme machine*, mir durchaus bekannt. Er beschrieb mir, mit welchem Verfahren er gerade Stockflecken von einem Vorsatzblatt entfernte. Ich fühlte mich zu ihm hingezogen. Als ich ihn fragte, ob ich ihn zum Essen einladen dürfe, sagte er, liebend gern, mit Freuden.

»Ich bin schon seit Monaten hier«, meinte er, »und habe noch kaum aus dem Fenster geguckt.«

Während ich darauf wartete, dass das Anwesen schloss – Seraut sagte, er sei verpflichtet, bis zum Ende der Öffnungszeit für alle Besucher sichtbar zu arbeiten –, machte ich einen Spaziergang in die umgebenden Hügel. Die Weichheit ihrer Konturen, die Einheitlichkeit des Farbtons, kaum anders als harmonisch zu nennen, kam daher, dass die sonnengetrockneten Gräser überall gleich hoch waren. Ich fragte mich, ob dies die wiedergekehrten einheimischen Gräser waren. Die dürren Hügel wirkten leblos, nur in der Ferne, durch flimmernde Hitzewellen zu sehen, weideten Rinder, vielleicht Herefords oder eine ähnliche Art.

Als ich zum Haus zurückkam, war Seraut noch nicht ganz fertig, und dankbar zuschauen zu dürfen bestand ich darauf, dass er seine Arbeit beendete. Seine Werkzeuge sahen aus wie chirurgische Instrumente. Auf einem langen Esstisch, inmitten von Pressen und Papier- und Lederrollen, lagen Zangen und Skalpelle, Pinzetten, mit Leim gefüllte Spritzen, viele Garnspulen und mehrerlei Messer. Der Raum hatte zudem eine angenehme Beleuchtung, doch als ich dazu eine Bemerkung machte, meinte Seraut, dies sei einer der Gründe für den schlechten Zustand der Sammlung, dies und die Tatsache, dass viele der Bücher ausgiebig benutzt worden waren. Er reichte mir ein Buch und deutete dabei auf das zerschlissene Kapitalband. Auch dieses Buch kannte ich, William Bartrams *Travels Through North and South Carolina*, eine Erstausgabe. Mehr jedoch als das Buch faszinierte mich Serauts Kunstfertigkeit. Er hatte eine abgestoßene Ecke des Buchdeckels sauber weggeschnitten und dann mit winzigen Stahlstiften ein neues Stück Papier angesetzt, als behandelte er einen Knochenbruch. Nachdem er die Ecke mit Leder bezogen hatte, war der Anschluss in jeder Hinsicht so perfekt, als hätte es nie eine Reparatur gegeben. Wie die andern Ecken machte sie sogar einen leicht abgescheuerten Eindruck.

Er spannte das Buch in eine kleine Presse, und wir gingen.

Auf dem Weg in den Ort staunten wir beide über die himmelweite Ausdehnung, die schwelgerischen Rot- und Orangetöne und die anhaltend leuchtenden Gelbschattierungen des Sonnenuntergangs. Seraut wies auf die feinen Nuancen der Farben hin, ihre Intensität. Bei Leder, sagte er nach einer Weile, könne mit bestimmten Pflanzenfarben eine genauso subtile Farbabstufung erzielt werden. Wenn man sich solcher Techniken bediente, fragte ich, legte man es dann darauf an, ein Buch so gut zu restaurieren, dass keiner etwas davon merkte? Oder machte man den vorgenommenen Eingriff irgendwie kenntlich, um keine Verwechslung mit dem Originalzustand aufkommen zu lassen? Er tendiere zum Ersteren, meinte er, füge aber hinten ins Buch immer einen kleinen Zettel ein, auf dem das Datum und der Umfang der Restaurierung vermerkt seien.

Angezogen an Seraut hatte mich sein Handwerk und die Atmosphäre viel gelesener Bücher; aber er hatte auch etwas nicht recht Hingehöriges, das ihn interessant machte. Er war ausländisch gekleidet: dunkler Wollanzug und weißes Hemd mit schlichter schwarzer Krawatte. Sein formvollendetes Benehmen ließ auf Feinsinnigkeit und guten Geschmack schließen. Er hatte beinahe das Gebaren eines Priors. Er schien das Land, in dem er gerade arbeitete, gar nicht wahrzunehmen.

Er sei, erzählte er mir, von einem Mann in Illinois beauftragt worden, einem Anwalt, der die Sammlung de Crenir erworben hatte. Ein Ausschuss von Gemeindemitgliedern hatte sie zum Verkauf ausgeschrieben, um die Wiederherrichtung der Villa finanzieren zu können – 629 ledergebundene Bände aus dem Besitz René de Crenirs, die meisten naturkundlichen Inhalts, einige aus dem 16. Jahrhundert. Der Mann hatte Seraut ersucht, nach North Dakota zu kommen, die Sammlung zu restaurieren und sie für den Transport nach Osten fertig zu machen.

Seraut sagte, er verbringe seine Tage damit, Insektenlöcher zu schließen, schadhafte Buchrücken zu reparieren, geprägte Einbände neu zu vergolden – »akkurate und getreue Aufarbeitung«, nannte er es, »keine groben Verstümmelungen, kein amateurhafter Firlefanz«. Wenn nötig nehme er ein Buch völlig auseinander und verputze und falze jedes einzelne Blatt, bevor er das Ganze wieder zusammenhefte. Er arbeite jetzt seit drei Monaten daran und schätze, dass er noch einige Wochen benötige, bis er fertig sei. Er logiere im de Crenir'schen Haus. Von Kontakten mit der örtlichen Bevölkerung sagte er nichts. Als ich am Nachmittag auf ihn aufmerksam geworden war, hatte er die vielen Touristen um ihn herum überhaupt nicht beachtet.

Beim Essen sprach er, vielleicht angeregt vom Wein, mit jäh erwachender Leidenschaft von der Kunst und dem einsiedlerischen Charakter seines Berufes, und an einer Stelle betonte er dieses Einsiedlerische, indem er eine Armbewegung in die Weite der Prärie hinaus machte, die hinter den Wänden des Hotels lag. Ich bemühte mich um höfliche Aufmerksamkeit, wurde aber abgelenkt von einer beiläufigen Bemerkung dahin gehend, das geistige Leben René de Crenirs lasse sich anhand der Sammlung rekonstruieren. Wie?, fragte ich.

Die am häufigsten benutzten Bände, führte er aus, deuteten darauf hin, dass de Crenirs Hauptinteresse dem Vorkommen von Tieren in Nordamerika galt, die in Europa unbekannt waren. Die Bibliothek enthalte Erstausgaben der Tagebücher und Briefe von James Oglethorpe, Thomas Nuttall, André Michaux und Cadwallader Colden, alle mit unter den Ersten, die ausführlich eigene Beobachtungen des Tier- und Pflanzenlebens in Nordamerika zu Papier gebracht hatten. Auch viele der frühen Berichte über Forschungsreisen durch die Prärie seien vertreten – Lewis und Clark, Bradbury, Stewart. Seraut sagte, er glaube, de Crenir sei von dem Wunsch *besessen* gewesen, die Besonderheit von Tieren zu verstehen, die europäischen Vorstellungen nicht entsprachen, er habe ein *neues* Verständnis angestrebt, verwurzelt in Nordamerika und Ausdruck einer grundsätzlich andern Auffassung vom Stellenwert der Tiere in der menschlichen Weltsicht.

So etwas versuchen zu wollen, sagte ich, sei sicher sinnvoll und notwendig gewesen. Die europäischen Naturforscher hatten anfangs ihnen unbekannte Tiere unter Heranziehung ähnlicher europäischer Arten beschrieben, amerikanische Kojoten zum Beispiel hatten sie als Schakale bezeichnet. Die Geschichten von Alligatoren und zweieinhalb Meter langen Diamantklapperschlangen, die sie mit nach Hause brachten, waren nicht ernst genommen geworden, ebenso wenig wie die Behauptung, ein Grizzlybär könnte durchaus drei oder vier Gewehrkugeln verkraften. Das seinerzeit von Descartes und Linnäus geprägte Bild von den seelenlosen Geschöpfen war durch die nordamerikanischen Entdeckungen nicht ins Wanken geraten und hatte diese sehr bald vereinnahmt, ohne Blick für die Eigenheiten der einheimischen Artenbildung. De Crenir, sagte ich, habe vielleicht das europäische System abschaffen und die amerikanischen Tiere in ein neues System bringen wollen – aber wie?

Nach dem Essen bestellten wir Brandy und Zigarren. Ich war inzwischen tief beeindruckt von der gedanken- und geschichtsträchtigen Atmosphäre, die von Seraut ausging, und zwischendurch immer wieder konsterniert beim Anblick junger, raubeiniger Männer, die draußen vor dem Fenster in Pickups ihre langsamen Runden drehten, oder abgelenkt von dem Stimmengewirr der Rancher und dem Lärm der Country-and-Western-Musik in einer Kneipe nebenan. Serauts Spekulationen hatten zur Folge, dass de Crenir mich immer mehr in seinen Bann zog. Hatte er je etwas veröffentlicht? Seraut zuckte mit den Achseln. Vielleicht, doch er glaubte nicht. Es gebe nur vereinzelte Notizen, keine Manuskripte. Auf die Gefahr hin, anbiedernd zu erscheinen, fragte ich, ob ich am folgenden Tag in der Bibliothek stöbern dürfe. Ich sei naturkundlich nicht ganz unbeschlagen, vielleicht könne ich die Grundzüge von de Crenirs Arbeit erschließen. Seraut meinte, er habe nichts dagegen, doch ich hatte das Gefühl, dass er meine Neugier als voreilig und ungebührlich empfand.

Ich fuhr ihn zurück. Im Licht des Augustmondes zeichneten

sich die sanften Konturen der Hügel ab, zart und wie nicht von dieser Welt.

Bei meiner Ankunft am nächsten Morgen hatten die ersten Besucher schon ihre Runde gemacht. Seraut saß in Hemdsärmeln bei der Arbeit. Da ich ihn nicht stören wollte, begann ich die Titel der Bücher in den Regalen zu entziffern. Einige zog ich beim Durchgehen heraus und sah sie mir genauer an. In eines, ein Werk über die Klassifikation europäischer Schmetterlinge, waren dünne Blätter eingelegt, die Notizen auf Französisch – in René de Crenirs Handschrift, vermutete ich – über Hermes, Atalante und andere Gestalten der griechischen Mythologie enthielten. Ähnliche Aufzeichnungen in andern Büchern bezogen sich auf die Edda, die Bhagavadgita. Sofern die Bücher nicht naturkundlicher Art waren, handelten sie größtenteils von Religion, Philosophie und katholischer Theologie.

Unter einem hohen zweiflügeligen Fenster stand ein leerer Tisch. Mit einem fragenden Nicken gegen Seraut, der mit ausdrucksloser Miene von seiner Arbeit aufsah, legte ich mir mehrere Bände hin und fing an, mir meinerseits Notizen zu machen. Ich beschäftigte mich einen langen Vormittag hindurch, wobei ich nur gelegentlich den Blick abwandte, um den älteren Mann zu betrachten. Seine Finger waren leicht arthritisch verkrümmt, hantierten aber sicher und geschickt mit seinen Materialien. In dem hellen Sonnenlicht, das in den hohen Raum einfiel, sah die dünne Haut seiner Unterarme papieren aus. Er wirkte selbst in dieser Bibliothek anachronistisch.

Soweit ich erkennen konnte, war de Crenir ein Antirationalist gewesen, ein Gegner der Aufklärung und Anhänger von Montaigne. Ein- oder zweimal sprach ich Seraut an und teilte ihm kurz meine Gedanken und meine Begeisterung mit. Er machte mich auf andere Bände aufmerksam; obwohl seine Restaurierungsarbeit ihn ganz erfüllte, war sein inhaltliches Interesse an der Sammlung offenbar genauso groß. Diesen Titeln, ihren Kapiteln und Randbemerkungen konnte ich entnehmen, dass nach Ansicht de Crenirs ein kulturell bedingtes Vorurteil die europäischen Naturforscher des 19. Jahrhunderts daran gehindert hatte, das von ihnen in Nordamerika beobachtete Pflanzen- und Tierleben in größerem Umfang zu begreifen. Durch die daraus entstandene Verwirrung, so glaubte er, sei ihnen etwas noch Wesentlicheres entgangen: An den Rand von Prinz Maximilians *Reise in das innere Nord-Amerika* hatte de Crenir geschrieben: »Ici les bêtes sont les propriétaires« – in Nordamerika entwachse die Weltsicht der Eingeborenen dem Leben der Tiere.

De Crenir hatte weitgehend Recht, wie spätere ethnologische Forschungen erwiesen. Das Verblüffende daran war, dass in seiner ganzen Bibliothek nur acht bis zehn Bücher das Thema der indianischen Weltsicht überhaupt streiften, nur solche Sachen wie die Werke von James Hall. De Crenir war anscheinend allein zu diesen Schlüssen gekommen.

Von hier an wusste ich nicht mehr weiter. Wenn de Crenir der Meinung gewesen war, dass die Tiere die Eigentümer der Landschaft waren und damit eventuell, theologisch gedacht, den Menschen gleich gestellt, mit wem könnte er dann darüber gesprochen haben? Mit wem hatte er korrespondiert?

Mr. Seraut und ich aßen an einem der großen Fenster zusammen ein paar belegte Brote als spätes Mittagessen. Meine Entdeckungen schienen ihm zu gefallen. Aus einer plötzlichen Anwandlung heraus sagte ich, vielleicht könne ich mehrere Tage hier weiterforschen, falls keine Einwände bestünden, und dann möglicherweise einen Bekannten kontaktieren, der hervorragend Französisch sprach. Er zeigte mir ein Buch, das er gerade aus der Presse genommen hatte. Als ich wegen seiner Schönheit zögerte, es anzufassen, drängte er mich, es zu nehmen, auf das Rascheln der Seiten zu horchen, mir die Neuvergoldung anzusehen. Als er das Buch zurücknahm, sagte er, er halte an den älteren Methoden fest. Während heute allgemein mit Vergoldefolien gearbeitet werde, benutzte er nach wie vor Hühnereiweiß und Essig, wie es vierhundert Jahre lang üblich gewesen sei. Seine Kleister würden immer noch aus Weizenstärke hergestellt. Sie würden das Papier in einigen der Bücher überdauern.

Ich fragte ihn zwischen zwei Bissen, ob er je Montaigne gelesen habe. Aber ja. Einmal in Leningrad habe er eine gebundene Sammlung von Montaignes Briefen restauriert. Er habe Montaignes Bedenken gegen seine Arbeit gelesen, geschrieben mit eigener Hand. Sein Ton war liebenswürdig, als ob Bedenken zum Leben dazugehörten.

Durch das Fenster blickten wir auf einen etliche Meilen breiten Ausschnitt der welligen braunen Hügellandschaft. In einer Senke unterhalb des Hauses erschienen plötzlich sechs Gabelböcke, standen so starr da, dass sie im dürren Gras zu flimmern schienen. Ich sah Sonnenlicht auf dem Spiegel ihrer großen Augen glänzen, den Puls in ihren weichen, sahneweißen Kehlen schlagen, die schlanken Läufe. Überrascht von dem Haus, oder von uns im Fenster, waren sie genauso plötzlich wieder verschwunden. Am Ende des Raumes, vor einem blauen Samtseil zwischen blanken Messingständern, zog eine Schlange von Touristen vorbei. Sie starrten uns an und blickten dann nervös zur Seite, in die Bücherregale. Ein Mädchen in gelben Shorts lutschte ein Eis. In einem durchs Fenster fallenden Lichtstrahl sah ich, dass der Weizenkleister unter Serauts Fingernägeln zu Körnchen getrocknet war, sah die übertriebene Gestochenheit meiner Aufzeichnungen, die schwarze Tinte wie von trippelnden Küstenvögeln über die weißen Blätter gestreut.

Winterreiher

Er wusste, dass der azurblaue Himmel über New York im Oktober, die unantastbare Reinheit der Farbe, ihn zu Tränen rühren konnte, wenn er lange genug schaute. Auf schwarzem Marmor sitzend, die Dunkelheit kühl an den Handflächen, der Stein bei genauerer Betrachtung von weißen Ganglienketten durchzogen, stellte er sich vor, allein irgendwo höher im Norden zu stehen, wie in einem Gemälde aus der Sung-Zeit: unter einem schwarzen Himmel, dazu das weiße Pulsen der Sterne und die leuchtenden Wellen – das Tai-chi-Strömen erdfremder Schönheit – des Nordlichts.

»Ich habe keine Ahnung«, hatte er ihr einmal erklärt, »warum ich mich in diese Landschaft sehne, aber es ist so. Vielleicht geht es nur darum, allein zu sein, verschwindend klein. Ich kann einen Brachvogel anschauen, wie er sich langbeinig, zögernd bewegt, als warte er darauf, dass ihm Gedanken kommen, und verstehe auf einmal, warum er sich in der ungeheuren Tundra einen ganz bestimmten einsamen Platz zum Sitzen aussuchen muss.«

Sie hatte ihn angelächelt. Sie wusste, er hatte Recht. Sie hatte noch nie vom Brachvogel gehört.

In den Gesichtern, die zum Trappeln von Schritten an ihm vorbeizogen, sah er Verstellung, Gier, Tücke – Raubtierhaftes. Öfter jedoch waren es verschleierte Mienen, die flink wie Spatzen oder Wiesel vorbeihuschten, sich nicht zeigten. In Augen, grauen, braunen, grünen, die er mit seinem direkten

Blick zum Weggucken veranlasste, nahm er die zurückhaltende Freundlichkeit wahr. Er glaubte nicht, dass hier mehr Misstrauen herrschte als auf den Straßen anderer Städte, wie er immer gehört hatte. Mehr Spannung vielleicht. Er beobachtete, wie die Sonne durch die lange Schlucht einer Querstraße über seine Schulter fiel und sein Schatten an den Kleidungsstücken von Passanten in Stücke brach. Dann teilte sich der Fandango bunter Röcke und Hosen, dem jähen Aufflattern von Brautenten vergleichbar, und sein Schatten schlug auf das Pflaster wie der Zeiger einer Sonnenuhr.

Er hatte sie gebeten, im Juni mit ihm nach Norden zu kommen, wenn das Licht in unendlichem Erbarmen über dem Land hing, wenn die Abende kühl waren, bevor die Mücken einfielen – um ein Uhr nachts war der Himmel immer noch so hell, dass keine Sterne zu sehen waren. Und sie war mit einer Maschine aus Denver am Flugplatz angekommen, dem winzigen Flugplatz, sie waren zur Ranch seiner Tante hinausgefahren, um vor der Weiterreise den Rest der Woche dort zu verbringen.

»Und was machst du, wenn du nicht tanzt?«, hatte seine Tante gefragt.

»Ans Tanzen denken!«, hatte sie hervorgesprudelt, als ob sie zum ersten Mal seit Jahren ohne Angst vor Konsequenzen reden könnte. »Ich denke an Tänze, mein Kopf ist voll von Tänzen!« Dann hatte sie leicht verlegen die Serviette an die Lippen geführt.

Er hatte in seinen Teller gelächelt, nur mühsam Herr über seinen eigenen inneren Überschwang, und nichts gesagt.

Sie hatten sich an dem Nachmittag unter Cottonwoods geliebt, deren Blätter über ihnen im Wind zwirlten und brausten, und später, der Tag und sie beide dem Verstreichen der Zeit wie entrückt, beobachteten sie einen Schwarm Kraniche, die sich schwerfällig über die kurzen Gräser in den fernen grau-blauen Himmel Kanadas aufschwangen.

Sie kam nicht mit. Er mache ihr zu viel Angst, sagte sie, dieser unendliche Himmel. (Er erinnerte sich, wie er sie das erste

Mal in der Metropolitan Oper hatte tanzen sehen, der Proszeniumsbogen so hoch, dass keine Bewegung auf der Bühne das Auge dort hinaufzutragen vermochte.) Und sie sagte fast flüsternd, sie fürchte, sich dort innerlich zu verlieren, sie sei anders als er. Zu einem Energieknoten zusammengeballt stand er in der Mitte des Zimmers und sah sie an, und dann löste er sich wieder und erschien so, wie sie ihn stets in Erinnerung hatte, großzügig und umgeben von einer Aura innigster Ehrfurcht.

Drei Tage lang ritten sie durch das hügelige Umland der Ranch. Er dachte an den Hirsch, den er im Jahr davor geschossen hatte, im Gefrierschrank, sorgfältig in dickes, braunes Metzgerpapier verpackt; er konnte der Beziehung nicht so weit trauen, dachte er. Er steckte ihr Kastileen ins Haar und erzählte ihr, dass er als Junge einmal im Zoo von San Diego auf einer Galapagosschildkröte geritten war, und Jahre später sei ihm aufgegangen, sie könnte die *Beagle* vor Anker gesehen und kuhäugig beobachtet haben, wie Darwin über das felsige Ufer auf sie zukam. Die einzige Möglichkeit, ihr Alter herauszufinden, wäre gewesen, sie zu töten.

Die Sonne schien das Jackett über seinen Schultern zu spannen. Sie ritten über die Heuwiesen, und sie konnte sich so wenig damit abfinden, Abschied zu nehmen, wie noch zu bleiben, ohne dass sich etwas veränderte – aber was, wusste sie nicht.

Er hatte einmal mit ihrer Mutter in einem französischen Restaurant an der Upper Eastside zu Mittag gegessen. Die Kultiviertheit von jedermann dort, die Tatsache, dass es nur vier Tische gab, die beste Leinenserviette und die Schlichtheit der Speisen hatten ihm zugesagt. Ihre Mutter mochte ihn sehr gern. Seine Bildung, seine Lehrtätigkeit, seine unbefangene Neugier untergruben sämtlich ihre Befürchtung, er besitze keinen Ehrgeiz, er werde womöglich eine Ranch in Montana erben und sich nicht mehr von der Stelle bewegen. Ihr wurde klar, während sie ihn betrachtete und er eine Geschichte ausspann, der sie nicht zuhörte, dass sie ihn gern hatte, weil nichts an ihm Erinnerungen an ihren Mann weckte. Andere Männer hatten das getan. Es war wie das Trippeln von Mäusen auf Hartholzdielen mitten in der Nacht.

Er sah an der grünen Glas- und Aluminiumwand hinauf, die über den Worten BANK OF JAPAN sechzig Meter hoch aufragte, das Aluminium im schwindenden Sonnenlicht leise knisternd, das Grün wie ein Fluss, undurchdringlich wie Jade. Sein Vater, ein Zureiter, war vom Rauchen an Krebs gestorben, und bei dem Gedanken an diese Dummheit musste er sich plötzlich kerzengerade hinsetzen, sich von dem Hochhaus abwenden und wieder die Leute anschauen. Er hätte gern ihre Kleidungsstoffe mit den Fingerspitzen berührt – blanke Seide, grober Tweed, gerippte Wolle; burgund, graubraun, tiefblau. Streiche mit den Händen über sprießenden Winterweizen, lege sie flach auf die raue Rinde einer Esche. Die Nacht, in der sein Vater gestorben war, hatte er sich die rechte Hand gebrochen, ein Schlag gegen ein Brett in der dunklen Scheune, wo eigentlich nur Heuballen hätten sein dürfen.

Er kannte dieses Verlorenheitsgefühl von früher, dachte er. Die Erinnerung an seinen Vater war wie ein Bodennebel, der nicht von ihm wich. Er blickte die dämmerig werdende Straße hinunter auf das Helmsley Building, auf die barocke Uhr, die fernen, bestimmenden, autokratischen Zeiger: Viertel nach sechs. Sechs, hatte er ihr gesagt.

Sie waren einmal zu einer Party gegangen, nach einer Aufführung von *Les Sylphides*. Er hatte dort einen Mann kennen gelernt, einen Choreografen, der bei Balanchine studiert hatte, der eine Brille mit halben Gläsern trug, über die er hinwegstarrte, als wollte er den Weg gesagt bekommen. Er fragte den Mann, ob er jemals Kraniche habe tanzen sehen. Nein, wozu sollte das gut sein? Er versuchte mit Händen, Armen und Kopf eine abgeschwächte Darstellung des Schauspiels zu geben. Der Mann fragte, was für Vögel das noch machten. »Rothalstaucher. Ich habe einen Freund, der die Balz der Rothalstaucher filmt und dann die Bewegungen für Freunde choreografieren will, eine Tanztruppe.« Bemerkenswert. Er konnte keinen Zugang zu ihm finden und wollte möglichst schnell fort. Er erzählte ihm über das Angeln von Purpurforellen am Oberlauf des Yellowstone und verabscheute sich dafür, dem Mann Rothalstaucher vorgeworfen zu haben.

Die Elektrik in einer grauen Ampelschaltanlage an der Ecke summte und klickte unheimlich über den Autoverkehr hinweg, als ob es gelöschte Geräuschschichten gäbe, die nur Stille hinterlassen hatten, und andere, die sich nicht miteinander vermischten. Er beobachtete, wie das Gelände im Westen zum Hudson River hin abfiel, im Süden auch, und es erschien ihm preisgegeben, so gänzlich mit Häusern zugedeckt. Er fragte sich, was für Wasserläufe hier einst geflossen waren, was für Kiefern an solchen Herbstabenden geseufzt hatten. Er dachte an Verse von Kosai, aus den Tagebüchern von seiner Reise zu den Ainu, genau die gleichen Farben wie das Bild, das sich ihm jetzt bot, stark gedämpfte Grüntöne, der Silberschein mondhellen Wassers unter hohen weißen Wolken; aber den Wortlaut von Kosais Haiku hatte er erschreckend gründlich vergessen.

In dem selben Sommer, in dem sie in die Romanzof Mountains hatten fahren wollen, um in dem ätherischen Licht zwischen nistenden Regenpfeifern und Ohrenlerchen zu kampieren und kalbende Karibus und im Wind segelnde Raufußbussarde zu beobachten, hatte er sie einmal auf eine Insel im Sagebow River mitgenommen. Auf dieser Insel hatte er einst zum ersten Mal überhaupt allein im Freien geschlafen. An dem Tag stand sie am Rand des Flusses, die Arme über der nackten Brust verschränkt, und blickte mit hartem Kinn, hart genug für dieses Land dort, den Fluss hinunter. Sie hatte sich Goldspechtfedern ins Haar geflochten.

Der Marmor hatte seine Restwärme verloren. Er stand auf und richtete seine Stiefel sorgfältig nach den Kanten des Bürgersteigpflasters aus. Selbst in dieser Großstadt war es zu spüren, dachte er: zugefrorene Flüsse, Schnee, graue Morgen – Anflüge all dessen waren im Wind. Man konnte es merken, wenn man sich anwehen ließ, sich so gut erinnern wie eine Erntemaus, wie ein Lachs womöglich.

Eines Winterabends in New York war er mit einem Kommilitonen vom Amherst College in der 56th Street zum Essen gegangen. Als sie wieder herauskamen, stellten sie fest, dass es schneite. Sie waren warm genug angezogen. Sie waren mit Essen und Wein angefüllt und wollten nirgendwohin. Sie blieben an der Ecke 54th Street und Park Avenue stehen und redeten. Der Schnee deckte ihre Fußspuren zu, sodass sie nach einer Weile im Schein einer Straßenlaterne auf einer makellos weißen Fläche standen. Zuletzt nahm der Freund ein Taxi nach Norden. Er blickte dem Taxi hinterher, bis nur noch die roten Rücklichter zu sehen waren. Er wollte jetzt nicht schnell davonhasten. In der kalten Luft und dem Schneegeriesel lag eine allgemeine Vergebung, und er wollte sie nicht stören. Er trat langsam vom Bordstein, Richtung Süden.

Über dem Spiegel des Lichtersees, den die Laternen ausgossen, ging die Schlucht der breiten Straße in die Dunkelheit über. Er war erst ein paar Blocks gegangen, als er bemerkte, dass es Vögel schneite. Graureiher senkten sich langsam mit abbremsendem Flügelschlag herab, die schwarz glänzenden Beine ausgestreckt, um die Tiefe des Schnees in einem kleinen Park zu prüfen, der die Straße teilte. Er blieb wie gebannt stehen, als die Vögel niedergingen. Sie klappten ihre Flügel ein und begannen in dem sanften Schneefall und dem fahlen Licht herumzustaken. Sie waren wie auf der Prärie gelandet, und falls sie ein Geräusch von sich gaben, hörte er es nicht. Einer stieß mit dem langen Schnabel in die weiße Bodendecke. Nach einer Weile standen alle still. Sie beäugten die Front eines Hotels, wo jemand gerade durch eine Drehtür gegangen war. Ein Taxi bremste vor ihm – er schüttelte den Kopf, nein, nein, und es fuhr weiter. Ein oder zwei der Vögel machten Flatterbewegungen, um den Schnee abzustreifen, und ein allgemeines Flügelschlagen brach plötzlich unter ihnen aus, und sie erhoben sich wieder in die Luft. Sie flogen, fünfzehn oder zwanzig Reiher, mit schweren, Stille gebietenden Schlägen an ihm vorbei die Straße hinauf nach Norden, bis sie nach zwei oder drei Blocks durch die Lichtgrenze stießen und verschwanden.

Er ging zu dem Hotel hinüber, wollte seinen Freund anrufen, aber ließ es dann. Er marschierte fast sechs Meilen bis zur Spitze der Insel, wo der rieselnde Schnee auf der Wasseroberfläche schmolz.

Der Stein unter seinen Füßen war kalt und trocken. Keine Vögel heute Abend, dachte er. Er sah auf die Helmsley-Uhr: fünf vor sieben. Die in gleichmäßigen Abständen an den Straßenrand gesetzten jungen Gingkos kamen ihm wie Gefangene vor, zehntausend Meilen von China entfernt zum Aufwachsen zwangsverpflichtet.

Als er sie mit ihrer Mutter und noch jemand langsam kommen sah, war es kurz nach sieben. Er überlegte, ob er sieben gesagt hatte. Vielleicht.

Bisons

Im Januar 1845, nach einer Woche kalten, aber strahlend klaren Wetters, begann es im südlichen Wyoming zu schneien. Totenstill türmte sich der Schnee in der Ebene binnen weniger Tage gut einen Meter zwanzig hoch auf. Am Tag nach dem Schneetreiben war es schwach windig und warm, Föhnwetter. Ein Trupp Cheyenne, der in einer Flussniederung lagerte, verbrachte den Tag damit, den Schnee niederzutrampeln. Cottonwoods für die Pferde zu fällen und auf Vorrat zu jagen, denn einer von ihnen, ein dreißig Jahre alter Mann mit Namen Blaue-Feder-seitlich-am-Kopf, hatte geträumt, ein jäher Kälteeinbruch werde kommen und sie festsetzen.

An dem Abend fiel die Temperatur um 25 Grad, und eine harte Eiskruste, brüchig und scharf wie Fensterglas, bildete sich auf dem Schnee. Die Kruste hielt wochenlang.

Über die Eisschicht an das Wild und die Wiesen auf den freien, windigen Hängen der nahen Medicine Bow Mountains heranzukommen erwies sich sowohl für die indianischen Jäger als auch für eine unweit von ihnen feststeckende Bisonherde als unmöglich. Erschöpft vom Wühlen im tiefen Schnee brachen die Bisons zu Tausenden in die Knie, die Beine zerschnitten von dem messerscharfen Eis, im hellen Sonnenschein rot glänzend. Ihre zottigen Kadaver lagen wie schwarze Felsblöcke über das blendende Weiß der Prärie verstreut, verbunden von einem dünnen Netz roter Blutlinien.

Der Wind pfiff tagelang durch das dichte Fell der toten und

sterbenden Bisons, nur das qualvolle Brüllen der Tiere selbst durchbrach sein Heulen. Kojoten wagten sich nicht in die Nähe. Die in der Flussniederung lagernden Cheyenne packte das Grauen. Sobald sie dazu im Stande waren, zogen sie ab. Kein Cheyenne schlug dort jemals wieder ein Lager auf.

Im Sommer darauf wurden das Unwetter und der Tod der Herde von einem der Cheyenne, einem Mann mit Namen Rabe-auf-dem-Rücken, auf einer Bisondecke dargestellt. Über die Szene zeichnete er einen weißen Bison an den Himmel. Am Tag ihres Abzugs, wurde erzählt, habe ein Mann eine kleine Herde, weniger als zwanzig, aus der Ebene den Medicine Bow River hinauf in die Berge stapfen sehen. Der Mann sagte, sie seien weiß gewesen und ihm größer erschienen als alle Bullen, die er je gesehen hatte. Der Name dieses Mannes ist nicht überliefert, aber ein anderer Cheyenne aus dem Trupp, ein Medizinmann mit Namen Geht-zu-den-zwei-Flüssen, teilte Crow und Teton-Sioux die Geschichte von den überlebenden weißen Bisons mit, weil er ergründen wollte, was es damit auf sich hatte. Trotz der Feindschaft zwischen diesen Stämmen kamen ihre Führer überein, der Vorfall sei ein Besorgnis erregendes Omen, das sie alle betreffe. Sie versammelten sich im Frühling des Jahres 1846 am Box Elder River im südöstlichen Montana, um seinen Sinn zu entschlüsseln. Keiner vermochte ihn zu erkennen, obwohl viele sich mit Fasten und Schwitzen vorbereitet hatten.

Nach 1845 wurden auf den Laramie Plains nie wieder Bisons gesichtet, trotz der saftigen Weiden dort und der Größe der Herden in der Umgebung zu jener Zeit. Die Überzeugung, dass es in den Medicine Bow Mountains weiterhin Bisons gab, Überlebende des Unwetters, hielt sich jedoch hartnäckig noch lange nach ihrer Ausrottung (über 60 Millionen Tiere) in Wyoming und den benachbarten Territorien in den Jahren vor 1890.

In den letzten Jahren des 19. Jahrhunderts berichteten Arapaho- und Shoshoni-Krieger, die in jene Berge gingen, um einen Traum zu empfangen, sie hätten in der Tat Bisons dort oben gesehen. Die Tiere lebten im nackten Fels über der Baumgrenze, weit entfernt von jeder Vegetation. Sie hätten eine Schulterhöhe von gut zweieinhalb Meter; ihr Fell sei weiß wie das Winterkleid der Hermeline und ihre großen Augen hellblau. Beim Nahen von Menschen blieben sie regungslos auf den Granitfelsen stehen, wie Bergziegen. Da in diesen Hochtälern im Frühling und Sommer häufig Nebel hängt, sei es unmöglich gewesen, meinten sie, anzugeben, wie viele Bisons es waren.

Im Mai 1887 stieß ein Shoshoni mit Namen Langer Otter in der Snowy Range auf zwei dieser Bisons. Er sah sie und sie sahen ihn an. Dann hoben sie die Hufe und setzten sie ab, trommelten leise auf die Felsen. Sie stimmten ein Todeslied an, indem sie ganz hinten in der Kehle einen dumpfen Klageton machten wie der Wind in einem Canyon. Der Mann verlor später den Verstand und kam im Jahr darauf bei einem Unfall mit einem Pferdewagen ums Leben. Soweit ich weiß, ist dies die letzte Meldung von lebenden Bisons in den Medicine Bow Mountains.

In Anbetracht des Wertes der Felle berührt es mich sonderbar, dass kein weißer Mann je versucht haben soll, eines dieser Tiere zu finden und zu töten. Aber so scheint es zu sein. Das schreckliche Unwetter in jenem Winter oder das Vorkommen einer Herde gewaltig großer weißer Bisons in den Medicine Bow Mountains findet sich in den Aufzeichnungen von Weißen, die in der Gegend lebten oder die in den letzten Jahren danach dort durchzogen, mit keinem Wort erwähnt.

Zur Beglaubigung der Geschichte sollte jedoch angeführt werden, dass ein Geologe aus Illinois namens Fritiof Fryxell im Sommer 1925 in der Snowy Range auf zwei Bisonskelette stieß. Da ihm diese kahlen Berge für einen Bisonfund ungewöhnlich hoch erschienen, verzeichnete er die Stelle sorgfältig auf einer topografischen Karte. Er vermass das größte der Skelette, fand die Maße kaum glaublich und teilte die Begebenheit später in der Mainummer 1926 des *Journal of Mammalogy* mit.

1955 kam ein damit in Zusammenhang stehender Vorfall ans

Licht. Im Herbst des Jahres 1911 war eine Gruppe Arapaho-Indianer auf Bitten des Colorado Mountain Club in die Rocky Mountains im nördlichen Colorado gebracht worden, um weißen Bewohnern die Geschichte der Gegend von 1859 zu erzählen. Den Siedlern war aufgefallen, dass für die Jahre, in denen die Weißen in die Gegend zogen und die Indianer ausgerottet wurden, Widersprüche in den historischen Überlieferungen bestanden, die vermuten ließen, dass die Chroniken der Weißen unvollständig und möglicherweise irrig waren.

Die Arapaho hatten anfangs Vorbehalte; sie erfanden Geschichten, von denen sie meinten, die Weißen würden sie gerne hören. Doch dann überzeugte sie das Interesse und die Hartnäckigkeit der weißen Zuhörer und sie erzählten, was sich wirklich zugetragen hatte.

Unter anderem berichteten die Arapaho, dass es im Winter 1845 (als die ersten Meldungen von anrückenden weißen Siedlern in Planwagen sie erreichten) ein furchtbares Unwetter gegeben hatte. Eine Bisonherde, die im Brainard Valley überwinterte (damals das Bär-in-der-Höhle-Tal genannt), habe ein Todeslied angestimmt. Zuerst war es kaum vernehmbar und man meinte, der Wind mache das Geräusch, doch dann wurde es lauter und deutlicher. Als der Schnee immer tiefer wurde, verließen die Bisons das Tal und stiegen in die Berge hinauf. Vier Tage lang stiegen sie so, gefolgt von Arapaho-Kriegern, und sangen derweil das dumpfe Todeslied, bis sie die Spitze des Berges erreichten. Dies war der höchste Ort, aber er hatte keinen Namen. Heute heißt er Thatchtop Mountain.

Die ganze Zeit ihres Aufstiegs über hörten die Bisons nicht auf zu singen. Sie wurden am ganzen Leib rot; ihre Augen wurden weiß. Das Singen wurde lauter. Es klang wie Donner, der nicht enden wollte. Alle, die es hörten, selbst Leute vier oder fünf Tagesreisen entfernt, wurden vom Entsetzen gepackt.

Auf der Spitze des Berges hörten die Bisons endlich auf zu singen. Sie standen regungslos im Schnee, und der Wind trieb Wolken rings um sie her. Die Arapaho-Männer, die ihnen gefolgt waren, hatten vier Tage nichts gegessen. Einer schritt, an einem Lederriemen mit den andern verbunden, mit ausgestreckten Armen vorsichtig in die Wolken, bekam eines der Tiere zu fassen und tötete es. Die übrigen verschwanden in den Wolken; das Todeslied fing wieder an, ganz leise, und tönte weiter hinter ihnen her. Der Wind war wie das Singen der Bisons. Als die Wolken sich lichteten, machten sich die Männer an den Abstieg.

Die bei dem Treffen von 1911 anwesenden Weißen sagten, sie verständen nicht, wozu man sich eine solche Geschichte erzählte. Die Arapaho sagten, damals hätten die Bisons ihnen zum ersten Mal gezeigt, wie man durch den Himmel entsteigt.

Das Protokoll dieser Zusammenkunft von 1911 ist verschollen, aber was dort geschah blieb dem Sohn eines der Indianer, die teilgenommen hatten, deutlich im Gedächtnis. Zu meiner Kenntnis gelangte es zufällig eines Abends in der Bibliothek der Universität, an der ich unterrichte. Ich las gerade einen Artikel über die Ansiedlung von Damhirschen in Nebraska, als dieser Mann, der anscheinend einfach nur in dem Moment vorbeiging, stehen blieb, auf die gegenüberliegende Seite deutete und sagte: »Das hat mit was ganz anderem zu tun.« Der Artikel, den er meinte, hieß: »Ein Höhenrekord für Bisons in Nordcolorado«. Er sprach kurz darüber, wie zu sich selbst, und ging.

Angeregt von dieser Begegnung begann ich die Sache zu verfolgen. Es gelang mir zu verifizieren, was ich hier niedergeschrieben habe. Auf Grund der Ähnlichkeit der Ereignisse in den Medicine Bow Mountains und in Colorado vermute ich, dass es im Winter 1845 noch andere gab, die sich, wie die Arapaho glauben, vor dem Kommenden in Sicherheit zu bringen versuchten, und dass die weitere Untersuchung dieses Phänomens durchaus von Bedeutung ist.

Ich übernachtete vor einiger Zeit zwischen windzerzausten Cottonwoods auf den Laramie Plans in der Nähe der Medicine Bow Mountains. Als ich am Morgen aufwachte, waren meine Beine gebrochen.

Das Planetarium

Nördlich von Tucson und ein Stück östlich, hinter Steadman, liegt ein mit dem Wagen nur schwer zu erreichendes Gebiet, das man The Fields nennt. Ich weiß nicht, wie es zu diesem Namen gekommen ist. Ein Mann, der schon sein Leben lang dort wohnt, erzählte mir, der Name sei aufgekommen, nachdem ein Versuch, einen Teil des Landes zu bewässern und zu verkaufen, fehlgeschlagen sei, die Bezeichnung sei ironisch gemeint. Der Spekulant, der das Land verkaufen wollte, sei aus Chicago gewesen, sagte er. Ich denke, die Auskunft bekam ich deshalb, weil ich den Eindruck machte, auf Durchreise zu sein.

Auf geologischen Karten heißt das Tal Tifton. Es ist flach und trocken, mit Kreosot- und Kerzensträuchern bewachsen. Entlang der trockenen Flussbette stehen einige wenige tief wurzelnde Paloverde- und Mesquitebäume, und ganz gelegentlich findet sich in einer feuchten Senke eine Frémontpappel. Hohe Riesenkakteen sind spärlich verstreut. Näher am Boden wachsen Nachtkerzen und Sandverbenen. Die bröckelige Erde ist ein rötlich braunes Gemisch aus verschiedenen Lehmsorten und trockener Schottermasse. Der Eindruck, den man hat, wenn man über das Tal in die umliegenden kahlen Berge blickt, ist trostlos, unheimlich. Trotzdem ist mir das Tal unter dem zuerst gehörten Namen, The Fields, im Gedächtnis geblieben und muß ich dabei an ein Luzernefeld denken, das einem vom Wind aufgewühlten Meer gleicht. Durch grüne, im Wind wogende Luzerne zu kriechen ist eine meiner frühesten Kindheitserinnerungen.

Zum ersten Mal kam ich 1956 auf einer Fahrt mit meinem Vater dorthin, einem Amateurbotaniker. Er suchte nach einer bestimmten Kaktusart, die, wie er aus einer ethnologischen Studie gefolgert hatte, hier wachsen musste. (Er fand sie, und sie wurde später nach ihm benannt: Cephalocerus greystonii.) Was sich mir jedoch bei dem ersten Besuch am stärksten einprägte, war weder die Trockenheit noch der Kaktus, sondern der Wind. Als Kind in Kalifornien kamen mir die Santa-Ana-Winde, die von dieser Seite der Berge in westlicher Richtung zu uns herüberwehten, exotisch vor, aber sie berührten mich nicht. Der Wind, dem ich dort in der Sonorawüste mit meinem Vater begegnete, war ganz anders. Er war berauschend. Der Wind hatte eine wilde Rassigkeit an sich, als ob Pferde plötzlich neben deinem Ohr eine Kehrtwendung in der Luft machten. Ob er stetig blies oder in Schüben, immer schien sich seine Stärke so gleichmäßig zu verringern, wenn man das Gesicht in ihn drehte, dass es war, als hätte jemand durch Seide ausgeatmet. Ich habe mich seither nie wieder von einer schlichten Luftbewegung so bezaubert oder beglückt gefühlt.

Das nächste Mal besuchte ich dieses Tal 1967 mit einem Freund (den ich im Jahr darauf in Mexiko beerdigte, nachdem eine Flutwelle die Straße unter uns weggespült und unser Auto umgekippt und mitgerissen hatte). Die Winde zogen mich wieder in ihren Bann, wirkten lebendig in einem Maße, dass ich mir Vorwürfe machte, so lange nicht da gewesen zu sein. Außer Stande zu schlafen, stand ich mehrmals in der Nacht auf, um eine Zigarette zu rauchen und, den Kopf ganz sacht in diese oder jene Richtung gedreht, zu lauschen. Mein Freund zuckte auf meine Erklärung hin nur die Schultern, machte aber keine abfällige Bemerkung.

Auf der selben Fahrt lernte ich einen Mann kennen, der am westlichen Ende des Tals in einem kleinen Adobehaus wohnte, dort wo die Canyons von Blue und Willow Divide mit ihren trockenen Flussbetten zusammentreffen. Als ich ihn das erste Mal sah, war er gerade dabei, ein großes Stück Wüste mit einem Besen zu fegen. Da an der Stelle keine Pflanzen wuchsen, konnte er eigentlich nichts anderes tun als Geröll und lose Erde wegzufegen. Ich beobachtete ihn im Schutz von Kreosotsträuchern, bis etwas Tänzerisches oder Musikalisches in seinen Kehrbewegungen mich schließlich hervorlockte. Während ich auf ihn zuging, war ich in Sorge, er könnte in eine andere Welt abgehoben haben. Mein Vater hatte mir eingeschärft, solchen Menschen niemals zu nahe zu kommen.

Er war recht freundlich, aber ich merkte bald, dass ich ihn irgendwie störte. Er hörte auf zu arbeiten, während ich dort stand, und tat nichts, um ein Gespräch in Gang zu bringen. Schließlich entschuldigte ich mich und ging. Den ganzen Rückweg zum Zelt über beschäftigte mich die Unwirklichkeit und Verkrampftheit der Begegnung, das Gefühl, dass ich etwas verdorben hatte. Als mein Begleiter von einer Fahrt nach Steadman zurückkehrte, erzählte ich ihm, was geschehen war. Er war der Meinung, der Mann wolle vielleicht bloß in Ruhe gelassen werden, ich hätte ihn nicht behelligen sollen.

Während ich darüber nachdachte, wie ich ihn aus den Sträuchern beobachtet hatte, kam mir in den Sinn, dass die meisten von uns das Bedürfnis nach Ungestörtheit erst spät verstehen lernen. Ich hatte den Mann sogar gefragt, warum er den Wüstenboden fege. Er sagte, es sei eine Gelegenheit – eine unmögliche Aufgabe, an der man jeden Tag arbeiten könne, wie jemand anders vielleicht meditiere oder bete. Er sagte, er lebe auf einem Stück Erbland seiner Familie, er lese die meiste Zeit – Bernal Díaz de Castillo, die Bände von Bernardino de Sahagún über die Azteken, sobald eine neue Ausgabe erschien, Kopernikus –, und er erklärte, die Einsamkeit mache ihm nichts aus. Mehrmals im Jahr fahre er nach Steadman, gelegentlich weiter nach Tucson, wo er aufgewachsen sei, aber jetzt schon eine ganze Weile nicht mehr. Ich verstand ihn so, dass er meinte, die Stadt habe ihr Herz verloren, so wie ein Ort, der zu viel fotografiert wird, aufhört, sich wirklich anzufühlen.

Ich kehrte 1973 in das Tal zurück, allein und, um ehrlich zu sein, getrieben. Ich wollte ihn wieder sehen. In meiner Erinnerung war die Art, wie er sein Leben in der Hand hatte, selbst das bisschen, was ich an jenem Tag davon gesehen hatte – das rhythmische Fegen, weiter weg das Haus und der Garten im Mesquite- und Paloverdeschatten –, souverän, so als ob er alles, was er anfing, einerlei was, so gut machte, wie einer es nur erhoffen konnte.

Am ersten Abend im Tal richtete ich mir ein einsames Nachtlager, schlief aber kaum wegen der Brisen, die in der Nacht kamen und andauerten. Am Morgen ging ich zu Fuß vom Ende der schlechten Straße zu seinem Haus, höchstens eine Meile weit um die ausladende Spitze einer hohen, kalkigen Felswand. Als ich mich dem Hain näherte, in dessen Schutz sein Heim lag, fiel mir auf, dass die Fläche, die er an jenem Tag gefegt hatte, jetzt mit Tausenden von Steinen bedeckt war, ohne erkennbare Ordnung, obwohl die gestalterische Absicht nicht zu übersehen war.

Es war spät im Herbst, sehr angenehmes Wetter, wenn man die Hitze nicht gewöhnt ist. Er war zu Hause – er erinnerte sich an mich und sagte, wenn ich möge, solle ich zum Essen bleiben. Ich verspürte in dem Moment eine Erleichterung, die ich nicht vorhergesehen hatte. Er hatte gerade Brot gebacken. Es gab Sellerie und grünen Salat aus seinem Garten und eine mir unbekannte kleine Melone. Ihr kühles, gelbes Fleisch rief mir augenblicklich Kindheitstage in Kalifornien zurück. Als ich das spontan äußerte, gingen sein Löffel und seine Augenbrauen anerkennend nach oben und er nickte mit vollem Mund, als ob dies eines der geringeren Geheimnisse wäre, die Essen und Nahrung umgaben.

Seinen schattigen Garten bewässerte er aus einem artesischen Brunnen. Das Wasser schmeckte leicht zedrig und ließ mich an den schweren, feuchten Geruch von Treibhäusern denken. Außer Gemüse, das er dort anbaute, hatte er mehrere Pfirsichbäume und zehn oder zwölf Rosensträucher.

Ich blieb den ganzen Nachmittag. Wir sprachen ein wenig von Kulturpflanzen, dazu die zwitschernden Töne schwarzkehliger Spatzen in seinem Garten, aber über weite Strecken herrschte Schweigen.

Am Abend schmorte er Hase und Wachtel im Topf. Als ich ihn fragte, sagte er, er fange sie in Fallen, die er aus abgeschälten Rindenstreifen von Mesquitewurzeln herstelle. Ob er die Pima gekannt habe, die früher hier gelebt hatten, oder das Werk von Gibson und Santander gelesen habe? Oder Harrington je gesehen, der die Pimasprache erlernte, dessen umfangreiche Feldstudien jedoch irgendwo ungelesen vergraben liegen? Nein, sagte er, er kenne wenig in dieser Gegend; außer für Lesen und seinen Garten habe er nur noch Sinn für mathematische Rätsel und ein Klavichord, das er spiele. Ich wusste nicht, was ich von dem Instrument zu erwarten hatte; als er später am Abend darauf spielte, verlieh er den Tönen eine Süße, eine Zartheit, die starke Erinnerungen weckte.

Obwohl er nicht gesprächig war, schien er nichts dagegen zu haben, dass ich Fragen stellte. Ich erinnere mich, dass er mir an dem Abend wie ein großer Vogel erschien, ein Nachtreiher etwa, der jeden Moment auffliegen und zu einem der Fenster hinaus über das Tal gleiten konnte.

Ich fragte nach seiner Familie, wo sie herstamme. Ursprünglich aus Sonora, jetzt aber hier und da verstreut. Ich fragte nach seinem Werdegang. Grundschule in Nogales und Tucson, mehrere Jahre College in Flagstaff, dann nur noch Lesen. Ich fragte nach seinem Beruf. Viele verschiedene Jobs, in Arizona und New Mexico, im kalifornischen Imperial Valley, irgendwann sei er über vierzig gewesen. 1958 sei sein Großvater gestorben und habe ihm das Grundstück und eine kleine Summe vermacht. Er gehe jetzt in Steadman arbeiten, wenn er Geld brauche.

Als es zu dämmern anfing, wurde mir leicht beklommen zu Mute, da ich mir nicht sicher war, wie ich zurück zum Auto kam, und ich mir dachte, dass ich vielleicht zu viele Fragen gestellt hatte.

Eine Zeit lang saßen wir schweigend zusammen. Er las. Ich lauschte der draußen durch die Bäume streichenden Luft. Die Luft war so trocken, dass kaum etwas vom Duft seines Gartens darin lag, nur ganz schwach die Rosen, wenn man ans Fenster trat und schnupperte. Dabei fiel mir wieder meine Kindheit ein, denn damals hatte es immer Blumen im Haus gegeben, besonders Kamelien.

Er spielte etwas, das ich nicht kannte, auf dem Klavichord, Bachs *Partita Nr. 1*, sagte er, und ein paar Stücke von Eric Satie, wovon eines *Avant-dernières pensées* hieß, dann machte er frischen Kaffee, sehr schwarz und stark. Er fragte mich, wo ich her sei, und nach meinem Leben. Ich staunte, wie wohl ich mich fühlte. Ich antwortete schlicht, ohne Ausschmückungen. Er interessierte sich für meinen Vater. Ich erzählte ihm, wie ich mit ihm auf der Suche nach einer Kaktusart in das Tal gekommen war. Als ich ihm den Kaktus beschrieb, schien ihn die Vorstellung, er sei entdeckt worden, zu amüsieren. Er benutze ihn als Mittel gegen Depressionen, sagte er, indem er aus dem Saft und den Fasern einen Sud herstelle, damit die Hände einreibe und diese dann an der Luft trocknen lasse. Ich fragte, ob er häufig Depressionen habe. Er deutete auf die Landschaft vor dem Haus, als ob das Antwort genug wäre und das eine aus dem andern hervorginge, unvermeidlich wie Kaktusstacheln oder die Steine unter den Füßen. »Eher selten«, sagte er.

Es drängte mich, ihn nach dem Kaffee zu fragen, wie er es schaffte, ihn so frisch zu halten. Ob er nur kleine Mengen kaufe und sie umgehend verbrauche. Er lächelte, als ob ihm die Frage schmeichelte. Mit den Jahren, sagte er, lerne man, dass sich fast alles hielt, wenn man sorgfältig genug damit umging. Man müsse sich nur entscheiden, worauf man seine Sorgfalt verwenden wolle. »Es gibt ein sehr altes Instrument, auf das ich große Sorgfalt verwende«, sagte er. »Komm, sieh es dir an.«

In der Ecke des zweiten Zimmers im Haus, wo seine Bücher die Wände füllten, stand ein altertümliches Planetarium. Auf den ersten Blick sah es wie ein Standglobus aus, war aber eine komplexe Konstruktion aus sich überschneidenden Ringen und Zahnrädern, die Planeten und ihre Monde um eine zentrale Sonne kreisen ließen. Ein anderes Triebwerk koppelte die Planeten an ihre Satelliten, sodass sie sich in Nachahmung der Umläufe des Sonnensystems relativ zueinander bewegten. Das Gerät war aus Eisen, blankem Messing und einem dunklen, geölten Holz wie Mahagoni hergestellt. Es hatte etwas Starkes und Unmittelbares.

Ich traute mich kaum, vorzutreten und es zu berühren. Er winkte mich ungeduldig näher, eine Geste, die meine Scheu honorierte und sie zugleich abtat. Er legte meine Hände auf einzelne Teile, und gebannt ließ ich ihn die Feinheiten der Bewegungen demonstrieren. Wie Merkur weiter innen als Venus seine Bahn zog, wie Ganymed, der größte Jupitermond, mit Io und den andern um seinen Mutterplaneten kreiste, und hinter Saturn nichts – Uranus, Neptun, Pluto alle noch unentdeckt. Als er die Geschichte des Geräts und die mathematischen Beziehungen seiner Teile erklärte, sprach er von himmlischen Winden – und da fragte ich ihn, ob ihm die Winde dort im Tal eigenartig vorkämen, himmlisch oder gar überirdisch. Ja, antwortete er, als habe er genau darauf hinausgewollt. Ja, das sei so.

Er ging in den Garten hinaus, in den hellen Novemberabend, und ich folgte ihm durch dürres Gesträuch, voller Angst, auf Klapperschlangen zu treten. Nach wenigen Minuten kamen wir zu der offenen Fläche, in der ich die Stelle wieder erkannte, wo ich ihn das erste Mal gesehen hatte. Der Wind war für mich in dem Moment eben spürbar, obwohl er weiter weg offensichtlich stark genug blies, um einige der Steine wackeln zu lassen, die auf der gefegten Fläche ausgelegt waren. Er bedeutete mir stehen zu bleiben und ging weiter. Während er sich entfernte, erkannte ich an seinen flatternden Kleidern, dass er durch orkanstarke Winde schritt, obwohl ich immer noch nur eine leichte Brise fühlte und keine Geräusche hörte.

Er versetzte mehrere Steine, schien sich zu orientieren, und dann sah ich, wie die Steine mit kleinen Staubwirbeln vom Boden abhoben. Von der Erde aufgestiegen bewegten sie sich in einem Bogen über den Himmel und drehten sich schließlich hoch oben in einer dunklen, windradartigen Gestalt von vier-, fünfhundert Meter Durchmesser. Nun gab es ein Geräusch wie ein Wasserfall, aber nur das hauchzarte Gefühl eines Luftzugs an meinen Wangen. Der Mann kam auf mich zu und beantwortete meinen fassungslosen Blick mit einem verschwörerischen Nicken, das zu sagen schien, dass auch er es beeindruckend fand. Vielleicht verursacht durch Reibung leuchteten jetzt die Tausende von Steinen allesamt auf, und sie gruppierten sich vor dem dunkelblauen Firmament zur Form einer Galaxie, ähnlich dem Meeresleuchten im nächtlichen Ozean.

»Die Winde hier im Tal«, sagte er, »sind unvergleichlich. Sobald man sie einmal gesehen hat, sind sie völlig offenbar. Ich warf eine Hand voll Blütenblätter von den Rosen in die Luft. Dann das. Ich musste bloß Steine der richtigen Größe finden, sie in die Ausgangsordnung legen, Alpha Centauri hier, die Bootes-Sterne dort drüben, Kassiopeia auf der anderen Seite. Mir fielen die Winde sofort auf – ich glaube wirklich, es brauchte nicht mehr, als im Sommer morgens Rosenblüten in die Luft zu werfen, um sie so wehen zu lassen. Natürlich waren die Winde hier von Anfang an ungewöhnlich.«

»Ja«, sagte ich.

Er deutete auf eine Stelle, wo die Planeten um unsere Sonne herum zu sehen waren.

»Das gibt's nicht. Ich kann's nicht glauben«, sagte ich.

»Ja«, sagte er. »Ja, ich weiß.«

Die Galaxie drehte sich langsam über uns. Ich hatte beide Hände auf meinen Kopf gelegt, und mein Hemdschoß wehte in der Brise leicht auf.

»Wenn man Geduld hat«, sagte er, »wenn man Sorgfalt walten lässt, gibt es, denke ich, wahrscheinlich nichts, was sich nicht hervorholen lässt.«

Winterchronik 1973:
Gänse, sie flogen im Gewitter

Er folgte dem Pagen aus dem Aufzug, durch ein Foyer mit tristen Ledersofas, wo ihm auffiel, wie niedrig die Decke war mit ihren flachen weißen Stuckblumen – und dass es keine Fenster gab. Er folgte ihm einen langen Gang mit dumpfiger Flüchtlingsatmosphäre hinunter, vorbei an dunklen, abweisenden Türen. Am fernen Ende des nächsten Ganges sah er graue Gewitterwolken und das schwarze Eisengestänge einer Feuertreppe. Der Junge blieb stehen und schob einen dicken Schlüssel in das Schloss, und er hörte die stählerne Zuhaltung klicken. Die Tür schwang auf. Beim Eintreten rammte sich der Page den Koffer in die Kniekehle. Er gab dem Jungen ein Trinkgeld, obwohl er keine Vorstellung hatte, welcher Betrag mittlerweile üblich war. Der Junge ging, den Raum ließ er abgedichtet wie ein Vakuum. Der Schlüssel mit dem schnörkeligen Messinganhänger lag auf einem Glastisch. Der Mann blieb vor dem Bett stehen, die gefalteten Hände an die Lippen gelegt wie im Gebet. Langsam zog er die Stores, die Übergardinen und die Rouleaus auf und blickte hinaus auf den freien Himmel. Wind peitschte den Regen in Streifen gegen die Scheibe. Er war vorher noch nie in New Orleans gewesen. Es war nur ein Name, eine ähnlich vage Erinnerung wie die Jugendlektüre von Lafcadio Hearn. Natchez Trace Parkway. Hatten Choctaw hier gelebt?, fragte er sich. Oder Chitimacha? Vor ihnen Sonnenanbeter.

Die Prärie kannte er besser. Am besten. Die Hochebenen nördlich des Platte River.

Er zog die Schuhe aus und legte sich aufs Bett. Die Tagesdecke aus Candlewick fühlte sich gut an. Oder war es Chenille? Er hatte eine solche Decke als Kind auf seinem Bett gehabt. Er setzte die Brille ab und drückte seinen Nasenrücken. In all den Jahren hatte er so wenig Tagungsvorträge gehalten, hatte mit der Zeit viel mehr Gefallen daran gefunden, ihnen zuzuhören, den sich in ihnen entfaltenden Geschichten. Es störte ihn nicht, dass die vertretenen Thesen in ihrer Abstrusität praktisch unangreifbar waren, dass die in sie eingeflossenen Gedanken zu Nebel verdampften, erstarrtem Atem. Er kam, um eine Geschichte entfaltet zu hören, ihre Form und Wirkung zu erleben. Stammesgeschichte wurde ausgepackt, fand er, ähnlich wie Pemmikan, das in einer Parflèche eingeschlagen war und in einem harten Winter verzehrt werden konnte.

Der Wind zerrte an den Fenstern und ließ sie plötzlich los, sodass sie in ihren Metallrahmen klapperten. Er musste an zu Hause denken, an die Sand Hills. Er lag regungslos auf dem Bett und dachte an den Wind. Crow-Männer, wie sie im Aprilregen nackt um die Wette ritten, umflattert von den anderthalb Meter langen Fahnen ihrer Haare, die auf die muskulösen Hinterteile weißer Pferde mit braunen Ohren klatschten.

1847 Ein Mann allein verteidigte die Haube in
     einem Kampf mit den Crow
1847 Ein weißer Bison, Dämmernder Abend erlegte ihn
1847 Tochter von Schildkrötenkopf, ihre Kleider
     fingen Feuer und sie erlitt Verbrennungen
1847 Drei Männer, die Frauen waren, kamen

Er stand auf und ging zu seinem Koffer. Er holte drei kräftige Weidenstöcke heraus und verband sie zu einem Dreifuß. Innen an die Spitze hängte er einen perlenbestickten Beutel aus weißer Hirschhaut mit langen Fransen. Die Fransen waren geknickt, weil sie in seiner Anzugtasche zusammengefaltet gewesen waren.

1891 Medizinbündel, Polizisten rissen sie auf

Was wollten sie von ihm? Einem Lehrer. Er unterrichtete, er verfasste keine akademischen Vorträge. Er erzählte die Geschichte, wie Menschen aus der Tigris-Euphrat-Region hervorgegangen waren, fing damit an. In andern Jahren fing er woanders an – in der Olduwaischlucht, im Danakiltiefland. Oder in Feuerland mit den Onas. Genauso gut konnte er mit der Ersten Welt der Navajo anfangen. Das, erklärte er seinen Studenten, war nicht der Inhalt. Es gab keinen Inhalt. Die Geschichte war ein Stück Fleisch. Sie war ein Rhythmus zum Tanzen. Sie war ein Mantel, der den Wind brach, wenn dieser so heftig blies, dass dir die Seele zerspringen wollte.

1859 Raben erfroren, fielen herab
1804 Viel Schnee im Frühjahr. Selbst die Hunde
wurden schneeblind

Er schlief. In seinem zerknitterten Anzug. In dem matten, reflektierten Gewitterlicht sah sein Gesicht wie gebügelt aus. Der Wind legte sich draußen, und er träumte.

Einen Moment lang wusste er nicht, wo er war. Starlight Room. Tarpon Room. Oak Room. Er musste – plötzlich dachte er, während er das lange Programm überflog, ans Altwerden, an Krankheit: *als unsere Kinder, sie hatten Atembeschwerden*, an das Heilmittel für *jede* Krankheit – in den Creole Room. Er musste in den Creole Room. Roger Callahan, Nebraska State College: »Winterchroniken bei den Dakota, den Crow und den Blackfoot: Persönliche Stammesgeschichte.« Lieber Himmel, dachte er, warum war er gekommen? Er war eingeladen worden. Sie hatten ihn eingeladen.
»Aha, Roger.«
»Bin ich pünktlich? Ich war ...«
»Kommen Sie hier lang. Ich möchte, dass Sie ganz vorn sitzen.

Alle sind sehr gespannt, sehr gespannt, nicht wahr? Wir freuen uns sehr, dass Sie kommen konnten. Und wie geht's Margaret?«
»Ja ... Margaret ist tot. Sie ist vor zwei Jahren gestorben.«

1837 Feste Wade nahm den Crow sechs Pferde ab
und gab sie dem Vater von Blauer Wolke und
nahm sie dafür
1875 Weißhaar, er wurde in einem Fluss von einem
Omaha getötet
1943 John Dachsherz kam bei einem Autounfall
ums Leben

Er hörte den Mann nicht. Er setzte sich. Die Stammesgeschichten begannen ihn zu überwuchern wie Weiden, dicht wie Flussweiden, und er griff danach, um im Strom der Zeit Halt zu finden.

Geduldig lauschte er den andern Vorträgen. Edward Rice Phillips, Purdue University: »Die Okipa-Zeremonie und sexuelle Gewohnheiten der Mandan.« Die Mandan, dachte er, sie waren alle tot. Wer sollte sie verteidigen? Renata Morrison, University of Texas: »Die Rolle der Frauen in religiösen Zeremonien der nördlichen Präriestämme.«

1818 Sperlingsfrau gelobte den Sonnentanz
im Winter, falls die Cree uns nicht fanden
1872 Kommt-aus-dem-Wasser, sie vertrieb die Pferde
der Assiniboine
1904 Bewegt-sich-sacht, seine Schwester erhängte sich

Er versuchte zuzuhören, aber die Worte flogen davon wie abgerissene Blätter. Cottonwoods. So schlimm die Winter, dass sie Cottonwoods fällen mussten, damit die Pferde zu fressen hatten. *So kalt, dass wir nur aus Biberlöchern Wasser holen konnten.* Und Jahre, in denen sie die Pferde essen mussten. *Wir schlachteten unsere Pferde und aßen sie. Keine Bisons.*

In dem fensterlosen Raum (er konnte sich nicht erinnern, auf welcher Etage der Fahrstuhl aufgegangen war) saßen alle in langen Reihen. Von der ersten Reihe aus konnte er niemanden sehen. Er rutschte etwas herum, und sein Lederbeutel fiel klatschend auf den Linoleumboden. Wie lange schleppte er schon Vortragspapiere so in der Gegend herum? Das Gedicht eines Freundes über eine Schneeeule hinter Glas in einem Museum fiel ihm ein, vorbei jetzt fliegen, drohen und Schwingen spreizen und Schwanz und still wie Mondlicht herfallen über...

1809 Blaue Federn von unbekannten Vögeln am Boden gefunden
1881 Wiesel-setzt-sich kam mit blauen Federn im Haar ins Lager.

Ferner Applaus, wie wenn trockenes Buschwerk im Wind raschelt.

Vor Jahren hatte er noch Theorien verteidigt. Heute nicht mehr. »Ich habe alles weggeworfen, was nichts taugt«, hatte er einem Kollegen an einem Sommernachmittag auf seiner Veranda erklärt, als müsste er das Tosen eines Gewitters überbrüllen. »Ich kann mir heute nichts Schlimmeres vorstellen, als zu beweisen, dass man im Recht ist.« Er nahm, was er übrig behielt, und machte damit weiter.

1851 Kein Fleisch im Lager. Ein Mann ging auf Büffelsuche und wurde von zwei Arapaho getötet
1854 Das Jahr, als sie den Kopf des Arapahos durchs Lager schleiften

»...und wenn ich diese vier Beispiele nebeneinander stelle, dann als deutlichen Beweis einer unwiderleglichen – oder meines Erachtens unwiderleglichen Beziehung: Die Arikara haben niemals...«

Als Junge hatte ihn sein Vater eines Aprilmorgens ins Mündungsgebiet des Platte River mitgenommen, um trompetende Kraniche zu beobachten, die auf dem Weg nach Alberta Zwischenstation machten. Der Morgen war wesentlich für die Entfaltung seines eigenen Lebens gewesen.

1916 Mein Vater fährt stundenlang schweigend nach Osten. Wir gehen auf eine ganz mit Flussnebel verhangene Wiese hinaus. Die Kraniche, nur ihre Beine sind zu sehen

Seine Chronik wäre persönlich, persönlicher, als ob er der Einzige wäre.

1918 Vater, erschossen. Argonnerwald

Die andern Jahre umdrängten ihn jetzt wie samtig weiche Pferdeschnauzen, die im Dunkeln seine Arme anstupsten.
»...während die Cheyenne, entgegen dem, was Greenwold zu dem Punkt zu sagen hatte, aber ganz im Sinne der zuvor schon von Gregg und Houston vertretenen Auffassung, eher dazu tendierten...«
Er hätte gern etwas zum Festhalten gehabt, etwas zum Anfassen, mit den bloßen Händen Blätter von einem Traubenkirschenzweig abgestreift oder Regen auf einem See gehört. Er litt in diesem fensterlosen Raum.

1833 Sterne wehen umher wie Schnee. Einige fallen auf die Erde
1856 Fasst-in-das-Tipi-des-Feindes hat einen Traum und kann nicht sprechen
1869 Feuerwagen, er kommt

Applaus.
Er erhob sich und schritt in leisen Schuhen zum Podium. (Einmal war er mitten im Seminar stehen geblieben, um sein Be-

dürfnis, sich überall lautlos zu bewegen, zu erklären.) Er legte sein Manuskript aufs Rednerpult und bedeckte es mit den Händen. Mit klarer Stimme, ohne sich für seine Formlosigkeit zu entschuldigen oder auf seine Zettel zu blicken, legte er die Winterchroniken des Sioux-Kriegers Blauer Donner, des Blackfoot Weher Kopf und des Crow Streckt-seine-Pranke-aus dar. Er erläuterte, dass dies persönliche, mitunter metaphorische Sichten historischer Ereignisse waren, die in eine allgemeine Stammesgeschichte einflossen. Er sprach von der Verwirrung, die Übersetzer angerichtet hatten, weil sie mehrere Winterchroniken mit Gewalt in Übereinstimmung bringen wollten oder die mythische Zeit mit einer andern, realen Zeit verwechselten. Zum Abschluss plädierte er für weniger analytische Argumentation. »Als Historiker haben wir allzu oft ein System einem andern untergeordnet und die individuelle Sichtweise völlig vergessen, die poetische Sichtweise, die der Wahrheit genauso nahe kommt wie der Konsens. Oder ihr genauso fern sein kann.«

Er fühlte, wie das Halsband mit Bussardkrallen unter dem Gewicht des Hemdes auf seine Schlüsselbeine drückte.

Der Applaus war höflich, dünn, unkonzentriert. Als er sich vom Pult entfernte, hatte er den Eindruck, dass es vielleicht dumm gewesen war, die Einladung anzunehmen. Er konnte das alles nicht mehr auf eine These zuspitzen. Er war dem Definitiven, der grässlichen Abgehobenheit der Vernunft seit langem entfremdet. Er wollte ans Pult zurückgehen. Du kannst die Geschichte nur so erzählen, wie du sie bekommen hast, wollte er sagen. Lüge nicht. Erfinde nichts.

Am Rande des Podiums zögerte er einen Moment. Er wünschte, er wäre zu Hause in Nebraska bei seinen Studenten, um ihnen einzuschärfen: Es ist zu gefährlich, wenn alle ein und dieselbe Geschichte haben. Nicht allen widerfahren dieselben Dinge.

Er schritt durch die murmelnde Menge, durch eine stählerne Brandschutztür, durch einen Flur, eine Treppe hinauf, noch eine, und kam in der Eingangshalle unter Palmen heraus.

1823 Ein Mann, Fünfzehn Pferde mit Namen, der ein Heyoka war, ein heiliger Narr, ein Verkehrer, lief rückwärts auf die Crow zu und schoss mit Pfeilen auf seine eigenen Leute. Die Crow schossen ihn im Sprung wie eine Wachtel ab. Er konnte sie nicht täuschen.

Er stand vor einem Spiegelglasfenster, das so breit war wie seine beiden ausgestreckten Arme und so hoch wie sein Haus, und war dem Selbstmitleid nahe. Er beobachtete, wie das immer noch tobende Gewitter, das er nicht hören konnte, das er nicht hatte hören können, Bäume bis zum Brechen bog, auf die Oberfläche des Lake Pontchartrain eindrosch und dahinter über dem Golf die Luft in Wallung versetzte. Alles wird von Geschichten zusammengehalten, dachte er. Das ist alles, was uns zusammenhält, Geschichten und Mitleid.

Er wandte sich hastig von der kalten Scheibe ab und fuhr in dem lautlosen Aufzug nach oben und bestellte sich ein Abendessen. Als es serviert war, zog er die vielen Vorhänge zurück und riss die Fenster auf. Der Sturm heulte durchs Zimmer und brauste durch seinen Kopf. Er sog die feuchte Luft tief in die Lungen ein. In weitester Ferne hörte er, einmal, die kläffenden Töne von Gänsen, fliehend wie Pferde vor einem Präriegewitter.

Die Tapisserie

Mein Vater wuchs im Norden von Spanien auf, in dem Fischerdorf Cudillero in Asturien. Er zog später in den Süden von England, dann nach Amerika. Mit zunehmendem Alter verlor er die Lust, allein zu reisen, und bat mich, ihn zu begleiten. Wir fuhren immer zusammen nach Spanien. Ich lernte Mitglieder seiner Familie kennen, die noch in Asturien lebten, aber öfter waren wir bei seinen Verwandten in Madrid. Für mich waren sie seine Verwandten, nicht meine, denn sie blieben mir gegenüber distanziert und förmlich, auch als wir uns besser kannten. Sie waren gegen seine Ehe mit meiner Mutter gewesen, erfuhr ich.

Europa veränderte sich während dieser Besuche für mich. Es wurde düster und melancholisch. Oder vielleicht wurde ich nur älter und ernster, und jetzt schafft sich das Gedächtnis entsprechende Erinnerungen. Europa zog mich mächtig an, als ich jünger war. Als frisch gebackener Schulabgänger, das Produkt einer strengen jesuitischen Erziehung, war ich tief ergriffen von der europäischen Kultur und leicht zu beeinflussen. Gleich nach Abschluss der High School ging ich mit mehreren Klassenkameraden auf Europareise und verhielt mich dort so, wie zu erwarten gewesen war. Da ich nicht für einen Amerikaner gehalten werden wollte, sprach ich nur Französisch. Ich lernte Espresso zu schätzen. Ich äffte sogar eine, wie ich meinte typisch europäisch Gewohnheit nach – von den Brötchen zum Abendessen Stücke abzureißen statt abzubeißen. Drei Monate lang stand ich jeden Morgen bei Tagesanbruch auf und ging hinaus, um nur ja nichts vom Tag zu versäumen. Nahezu überwältigt von den sich bietenden Möglichkeiten spazierte ich umher. Die nächtlichen Kneipengänge stellte ich ein; die sinnlichen Erfahrungen, die ich suchte, zogen mich an Orte, die zum festen metaphorischen Inventar meiner Vorstellungswelt geworden waren. Die Gärten von Versailles, wegen ihrer künstlichen, aber wohltuenden Ordnung. Ich wollte Assisi sehen, die hochgotische Kathedrale in Reims, Boschs *Garten der Lüste* und Newtons Räume in Cambridge.

In der oberflächlichen, aber harmlosen Art siebzehnjähriger Jungen befand ich in dem Sommer, dass Christopher Wren nicht genug gewürdigt wurde, dass Mann Recht hatte – es nistete in der Tat ein Übel in Venedig – und dass die Gemälde im Prado die im Louvre bei weitem übertrafen. Das alles legte sich mit der Zeit, auch wenn einige dieser Urteile sich als nicht ganz unfundiert erwiesen und langlebiger waren. Auf späteren Reisen besuchte ich häufig den Prado. Ich verbrachte viele Stunden mit den Bildern von Rubens und Velazquez, von Goya und El Greco. Es sind natürlich gerade solche frühen, scheinbar belanglosen und unschuldigen Begeisterungen, die uns formen.

Im Frühling nach dem Tod meines Vater reiste ich nach Madrid, um seine geschäftlichen Angelegenheiten zu regeln, und es erschien mir richtig, für die Zeit bei seinen Verwandten abzusteigen. Eines Abends beim Essen wurde ich von einem Gast, Eugenio Piera, der meinen Vater noch aus Cudillero gekannt hatte, eingeladen, den Prado zu besuchen, wo er einer der Direktoren war. Ich zögerte, Ja zu sagen, denn ich befürchtete eine, wenn auch noch so gut gemeinte, Allerweltsführung. Museen waren für mich Stätten intensiver, persönlicher Gefühle. Doch ich nahm Pieras Einladung an. Er war sympathisch; er wirkte aufrichtig und freundlich. Wir verabredeten uns für den folgenden Tag in seinem Büro im Souterrain des Museums.

Am nächsten Morgen ging ich auf dem Paseo de la Castellana die mehrere Kilometer lange Strecke von der Wohnung zu

Fuß, bestellte mir in einem der Straßencafés Kaffee und Croissants und freute mich wieder, dass ich im April gekommen war. Die Luft war kühl, die Bäume belaubt, gut gekleidete Menschen gingen umher. Die Ordnung, das Beharrungsvermögen Spaniens wirkten jetzt festigend auf mich.

Ich traf Piera in seinem Büro an. Er nahm mir sofort jede Befangenheit, und ich machte mir im Stillen Vorwürfe, seiner Herzlichkeit am Vortag fragwürdige Motive unterstellt zu haben, wie es einem nach einem Todesfall passieren kann. Wir verbrachten den größten Teil des Vormittags in den Sälen des Hauptgeschosses. Er erzählte wunderbare, obskure Hintergrundgeschichten über einige der Stücke, sprach mit Selbstironie von den kleinlichen Eifersüchteleien unter den sammelwütigen Museumsdirektoren und versuchte mit Anekdoten die Künstler menschlicher und fehlbarer erscheinen zu lassen. Er machte auch ernsthafte Bemerkungen, ohne jedoch zu bedeutungsschwer zu werden.

Wir aßen in einem nahen Restaurant, Las Puertas, zu Mittag. Er fragte, ob ich vielleicht bei einem früheren Besuch des Museums eine flämische Tapisserie aus dem 15. Jahrhundert gesehen habe, die einmal im Haus meines Großvaters in Cudillero gehangen hatte. Ich verneinte. Doch von allen Mitgliedern der Familie meines Vaters fühlte ich mich meinem Großvater, den ich niemals kennen gelernt hatte, am nächsten; ich war sofort interessiert.

»Wie kommt es, dass sie im Museum hängt?«
»Ihr Onkel, Ramirez. Er erbte sie, als ihr Großvater starb. Sie ist ungewöhnlich, finde ich, eindrucksvoll, wie ein Brueghel oder Bosch. Ein sehr schönes Stück.«

Die Tapisserie hing in einem Magazinraum. Ich hatte erwartet, auf der Stelle davon beeindruck zu sein, doch so war es nicht. Sie war groß, fünfeinhalb auf dreieinhalb Meter, und stellte Szenen aus dem ländlichen und höfischen Leben dar, dezent voneinander abgesetzt durch ein Muster aus winzigen bunten Blumen.

»Eine Sache«, sagte Piera, »nur ein webtechnisches Detail, ist die Qualität des Stoffes. Die Schussfäden des Gewebes sind aus Arraswolle...«

»Wie ist die Familie in ihren Besitz gekommen?«

»Das weiß ich nicht so recht, aber ich nehme an, dass Ihr Großvater sie wahrscheinlich auf eine Empfehlung hin erwarb. Er war ein Eklektiker, müssen Sie wissen, zwar sehr gewissenhaft als Käufer, aber nicht daran interessiert, sich einen Namen als Sammler zu machen. Das gefiel mir an ihm. Er war vollkommen unpretenziös.«

»Ich habe solche Geschichten gehört. Ich wünschte, ich hätte ihn gekannt – er starb viele Jahre, bevor ich geboren wurde.«

»O ja. Ihr beide hättet euch gemocht, denke ich. Nun ja – ich wollte, dass Sie das hier sehen. Ich dachte, weil der Bosch unten Sie so fesselte, würde es Sie ansprechen.«

»Haben Sie irgendwelche Unterlagen darüber? Beim Essen hatte ich so ein Gefühl, es könnte sehr wichtig für mich sein, dies zu sehen. Jetzt, da ich hier bin, weiß ich nicht so recht – aber mir ist, als entginge mir etwas, hier direkt vor mir. Wenn ich konkretere Informationen hätte...«

»Gewiss. Sicher, ich glaube, ich verstehe. Dieses Stück ähnelt ihrem Großvater sehr – bitte entschuldigen Sie, wenn ich so vertraulich werde –, aber nicht im allgemeinen Stil oder in den verschiedenen Szenen, sondern in... in der schlichten Gespanntheit, die hier herrscht. Zunächst«, seine Finger wanderten zu der Tapisserie, »denkt man, die Stimmung ist, ich weiß nicht, unheimlich. Doch nein, es gibt keinen greifbaren Anhaltspunkt dafür. Sie ist anders. Sie ist gespannt. Vom Vorgefühl einer Katastrophe erfüllt. Schauen Sie, hier, die Frau im Garten, und da diese Männer zu Pferde, die Drescher dort in der Ferne. Niemand redet. Niemand unterhält sich mit dem andern. Alle blicken vor sich hin. Und dennoch ist es sehr gefällig. Die Frauen sind liebreizend, die Männer stattlich, die schönen roten Farben, die Immergrün, Lilien, Gänseblümchen – es herrscht keine Aufregung, aber auch keine Alltäglichkeit. Ich sage Ihnen, was ich denke: Dies ist der Augenblick, bevor die ganze Szene – die Menschen, das Schloss, die Stadt, die Landschaft – vernichtet wird, und sie wissen es. Kennen Sie die Worte von St. Ignacio über das Ende der Welt? Wenn man es kommen sähe, was würde man tun? Würde man zur Beichte rennen? Nein!, sagte er. Man würde mit dem weitermachen, was man gerade macht. Diese Tapisserie erinnert mich an diesen inneren Abstand vom, tja, ich weiß nicht, vom Furchtbaren. Ihr Großvater war genauso – gelassen, offenherzig, aber sich dennoch einer ungeheuren bösen Kraft in der Welt bewusst.«

Pieras Finger verrührten mehrere Szenen: Frauen beim Nähen, Männer auf der Hirschjagd. Er ließ den Blick über die Tapisserie schweifen, wie ein Mann vielleicht eine Wand begutachtet, die er gerade gestrichen hat, um festzustellen, ob er irgendwo eine Stelle übersehen hat.

»Ich mag dieses Stück sehr gern, aber ich kann Ihnen nicht sagen, warum. Ein eigenartiges Geständnis für einen Museumsdirektor, was?« Er zog die Schultern hoch zum Zeichen unerklärlicher Ratlosigkeit und winkte mir, ihm zu folgen.

In seinem Büro zog Piera ein paar Papiere aus seinen Akten und bat seinen Sekretär, sie zu kopieren. Wenige Minuten später kehrte dieser mit den Kopien zurück. Er hatte auch ein Foto der Tapisserie gefunden, das er mir reichte. Die Papiere gab er Piera zurück.

Ich hatte mich meinem Großvater noch nie so nahe gefühlt wie in jenem Moment. Die Figuren auf der Tapisserie, ihre Mienen, sie alle leuchteten in mir, und auch, was Piera angedeutet hatte, dass er sich mit Unsicherheiten in seiner Familie und in seinem täglichen Leben abgefunden hatte, dass er sich nicht tyrannisieren ließ.

Ich bedankte mich bei Piera so aufrichtig, wie ich in dem Augenblick konnte, innerlich im Zwiespalt darüber, wie man verschiedene Gefühle ausdrücken kann, wollte ich doch meine Dankbarkeit einerseits deutlich machen, andererseits jedoch nicht übertreiben. Wir drückten uns impulsiv, herzlich die Hände, umarmten uns ein wenig unbeholfen, und ich ging. Mit den Dokumenten versprach die Tapisserie viel leichter zugänglich zu sein. Rasch stieg ich die Treppe zum Magazin hinauf, ganz erpicht darauf, mir ihre Webart, ihre Proportionen, ihre Farbgebung in allen Einzelheiten einzuprägen, doch ich war zu aufgeregt und fürchtete plötzlich, dass ich in meiner Unbeherrschtheit einen Fehler machen könnte. Ich ging die Treppe wieder hinunter und durch die Rotunde hinaus auf die Straße, mit dem festen Vorsatz, zurückzukommen.

Ich ging mehrere Kilometer in einem Zustand gleichzeitiger Konsterniertheit und Gelöstheit dahin und vermied es, meine bewussten Gedanken konzentriert zu verfolgen, um nicht etwas viel Tieferes auszusperren. Ich sah den Gefühlsabgrund, der sich durch mein Verlangen, sowohl meinen Vater als auch meinen Großvater zu erreichen, vor mir auftat. Pieras Ansicht, mein Großvater sei sich einer ungeheuren bösen Kraft bewusst gewesen – es war Jahre her, seit ich zum letzten Mal über das Böse nachgedacht hatte.

Als ich schließlich anhielt, befand ich mich in einem unbekannten Teil der Stadt. Ich setzte mich eine Zeit lang in einen kleinen Park, ließ die Gesichter an mir vorüberziehen und ging dann über die Straße in ein Café, weil ich dachte, Kaffee werde mir zu einer Ordnung verhelfen, zu Klarheit über den nächsten Schritt.

Ich zog die Unterlagen, die Piera mir gegeben hatte, aus meiner Jackentasche und fing an zu lesen. Der Künstler war unbekannt, doch das Dessin stammte wahrscheinlich von einem gewissen Jennyn Fabiaen aus Brügge. Gewebt um 1485 in Tournai. Die Informationen, die dann folgten – die französische Familie, die die Tapisserie in Auftrag gegeben hatte, ihre Verdienste um die schönen Künste –, dies alles entfernte mich von dem, was ich suchte. Ich besann mich darauf, wie fein die Darstellung der Hände gewesen war, auf die stillen Augen, die Helligkeit in der Luft – »…der Übergang von nahezu weißen Schlaglichtern zum tiefsten Violett wird mit nur drei Zwischentönen bewerkstelligt. Die so erzielte Wirkung ist ein Wunder an Harmonie und Plastizität.« Ich blickte kurz auf die letzte Seite – technische Angaben. Das Karmin der Rottöne sei »gewonnen aus den zerquetschten Leibern von Koschenilleläusen aus der Neuen Welt«; Seidenfäden seien benutzt worden »für Details wie die Haare der Frauen und die Horizontlinie, die eine subtilere Ausführung verlangen«.

Ich trank meinen Kaffee in kleinen Schlucken und blickte auf, als ein Windstoß durch die Wipfel der Platanen in dem kleinen Park fegte. Ruhiger geworden, ging ich das Material, das Piera mir gegeben hatte, sorgfältig Seite für Seite durch, folgte den Beschreibungen des Fotos mit dem Finger, den Hinweisen auf historische Gestalten und die Symbole in jeder Szene. Es gab Hunderte von historischen Einzelheiten – ein berühmtes Pferd, eine heraldische Fälschung, die geschickt auf dem Wimpel eines Jägers versteckten Worte einer Liebesballade. Doch am Ende bezogen sich die Einzelheiten nicht aufeinander. Die Gesamtschau, der Einblick in meinen Großvater, den ich suchte, war jetzt sehr fern. Mein Gefühl für das Schwarzweißfoto, die Tapisserie selbst, die Gesichter hatte sich verändert. In dem ruhigen, warmen Licht des späten Nachmittags kam ich mir albern vor.

Ich legte ein paar Münzen auf den Tisch und ging.

»Señor! Usted ha olvidado esto!«, rief der Kellner, die Papiere und das Foto erhoben.

»No. No son míos, eso es de otra persona.« Sie gehören jemand anders. Mit langen Schritten ging ich die Straße hinunter. Meine Kehle war wie zugeschnürt, aber ich empfand eine plötzliche Befreiung, eine gedämpfte Euphorie. Ich fühlte mich entbunden von der drückenden Aufforderung zur Lebensprüfung, die seit dem Tode meines Vaters über mir gehangen hatte. Ich wollte von ganzem Herzen empfinden, was ich als Junge empfunden hatte, wenn ich aus dem Beichtstuhl gekommen war: weggefegt das kümmerliche Moralisieren, alle mildernden Umstände verworfen. Die Absolution unwiderruflich. Mit diesem sicheren Wissen konnte man voranschreiten. Ich hatte jetzt wieder jeden Schritt vor mir, wenn ich wollte: zwischen mir und meinem Vater und meinem Großvater, den ich mir nur in der Phantasie ausmalen konnte. Ich war den Tränen nahe, jenen Tränen, die zu kommen drohen, wenn man spürt, wie sehr man einer Verheißung menschlicher Nähe Glauben schenken möchte.

Im Angesicht des Todes wird man gleichzeitig von einer merkwürdigen Euphorie und einer zerknirschenden Traurigkeit überfallen. Eines Tages, dachte ich, erledigen sie sich beide und verschwinden.

Die Sonne lag mittlerweile feurig auf dem Manzanares. Ich nahm mir vor, meine Verwandten nach der Haltung meines Großvaters zu seinen Feinden zu befragen. Das war ein möglicher Ausgangspunkt. Danach wollte ich in den Prado zurückkehren und die Tapisserie wieder sehen und Piera. Und dann wollte ich nach Hause fahren. Die Sonne wird in diesem Augenblick hinter der Bucht von Cudillero untergehen. Ich könnte dort hinfahren und von La Coruña mit dem Schiff nach Hause.

Die Frau mit den Muscheln

Das Licht war blendend. In der karibischen Mittagssonne sind die weiten, flachen Strände von Sanibel vor der Westküste von Florida wie in Weißglut versetzt und in solchen Massen von Muscheln übersät, dass Neuankömmlinge glauben, hier sei vor ihnen noch nie jemand gewesen.

Die Muscheln saugen die Julihitze aus der schwülen Luft auf, Muscheln dünnwandig wie Belleek-Porzellan, hart wie Maschinenschrauben, mit errötenden, gerieften Mündungen, eine ganze Skala aquarelliner Rosé- und Bleutöne. Ein flirrendes Schillern geht vom Perlmutt der Seeohren aus. Hieroglyphen winden sich in braunen Spiralen an den Wänden schlanker Kegel empor. Fechterschnecken wiegen schwer wie Steine. In eine Muschel kann man beide Fäuste stecken; andere ließen sich mühelos schlucken wie Pillen. Eine Form gleicht einem gebeugten Knie, dreht man sie in der Hand um, wird sie eine Art Gefäß, mit dessen zarten Pastelltönen man einen Sonnenaufgang über der Prärie malen könnte.

In dem Glauben, allein zu sein, zog ich mir hier eines Nachmittags im frühen Dämmerlicht Hose, ein leichtes Hemd, Schuhe und Unterhose aus und legte mich hin. Auf dem Rücken, die Arme ausgestreckt, erspürte ich die feuchten, kühlen Flächen unter der Schicht weißer Muscheln, die noch die Hitze des Tages hielten. Ich drückte dagegen und wand mich, bis ich halb im Sand eingewühlt war, wie in Salzwasser schwimmend. Es wurde Abend. Ich nahm ein leises Hintergrundgeräusch wahr, gedämpft wie ein Wasserfall im tiefen Wald. Der Puls meines Herzens verklang, und dieses andere Geräusch verstärkte sich, bis es aus den Mündern der Tausende von Muscheln um mich und unter mir zu einem Heulen wurde, einem Klagen, überraschend und real wie ein jäh aufbrausender Wind auf See. In diesen Moment – ich erinnere mich, die Augen aufgeschlagen und plötzlich über mir Flamingos gesehen zu haben, ihren wie trauernden Flug, von den letzten Pfeilen des Lichts an den lapisblauen Himmel gestochen, ein blassrotes Glimmen auf ihren gefiederten Bäuchen –, in diesen Moment hinein trat die Frau.

Ich drehte den Kopf zur Seite, das Ohr in die Muscheln gepresst, und sah sie erst in großer Entfernung. Ich war sofort von ihr angezogen, von ihren zögernden, kranichartigen Bewegungen, dem Ausstrecken ihrer Hand. Ich dachte mir ihre Finger so schonend wie das Wasser eines langsamen, flachen Flusses, tastend, empfindsam selbst für die Farben der Muscheln, für die letzte Spur von Leben. Sie war jetzt näher herangekommen. Mit einer fließenden Bewegung bückte sie sich und hob zwei Muscheln auf, Kammmuscheln, und hielt sie sich an die Wangen. In ihrem Gesicht sah ich einen klaren Blick, den ich sonst nur von einem Freund kenne, einem Maler, wenn er etwas fertig hat, wenn das Wunder da ist und keine Erklärung es fasst. Auch als sie sich abwandte, blieb diese Verbindung für mich bestehen. Ich wusste wohl, wie gering die Chance war, dass die Gefühle in beiden Fällen die gleichen waren, wo doch das, was in Menschen vorgeht, individuell völlig verschieden ist, glaubte aber, dass wir mit Hilfe solcher Konstruktionen leben können, leben.

Ich wollte etwas sagen, konnte mich aber nicht bewegen. Sie wurde kleiner, berührte noch ein oder zwei Stellen am Strand wie ein Albatros, der im Gegenwind zu landen versucht, hob nichts auf und verschwand.

Ich blickte über die weiße Sandfläche in das Gewölbe des Abendhimmels, sah, wie die ersten Sterne hervorkamen. Meine Achtung für sie war grundlos und tief. Ich blieb stundenlang liegen, unfähig mich zu rühren. Jedes Mal, wenn der Drang aufzustehen und mich anzuziehen sich regte, ergriff mich die Dichte der Luft, die Unwiederholbarkeit eines Gedankens, der hinter einem andern in der Dunkelheit entschwand, und überwältigte mich. Als ich schließlich aufstand, sah ich ringsumher Unmengen von Muscheln im Sternenschein leuchten. Nahe der Stelle, wo mein Kopf gewesen war, lag eine einzelne Flamingofeder. Durch diese Landschaft ging ich nach Hause.

Wir tragen solche Menschen in unsern Phantasien mit uns als Beweis gegen eine unbestimmte, aber unwiderlegliche Dunkelheit in der Welt. Der Nimbus jenes Moments blieb mir monatelang gegenwärtig. Im Winter darauf stand ich an einem steinhart gefrorenen Strand und blickte auf das Packeis des Polarmeeres hinaus. Graues Meereis ging in einer Weise in grauen Himmel über, dass sich kein Horizont ausmachen ließ. In dem trüben Licht wallte mein Atem hervor, kristallisierte sich, wie ich wusste, auf meinen Augenbrauen, auf dem Pelzrand, der mein Gesicht einrahmte. Ich wollte eine Erinnerung. Mit der Ferse begann ich den dünnen, windverkrusteten Schnee auf dem Sand wegzutreten. Dort lag eine kleine Muschel, eine blauschwarze Miesmuschel, kaum so lang wie mein Fingernagel. Steif gefroren, wie ich war, konnte ich sie nur mit großer Mühe in eine Tasche meines Parkas bugsieren und diese zuziehen. Ich war mir in dem Moment dunkel der Frau bewusst, der Schwingung ihres Rocks, als sie die Hand nach den Muscheln auf Sanibel Island ausstreckte.

Durch einen der unheimlichen Zufälle, die das Leben formen, sah ich die Frau im Jahr darauf in New York wieder. Es war gegen Ende des Winters. Ich sah sie durch die Fensterscheibe eines Restaurants auf der West 4th Street, wie sie gerade nach ihrem Wasserglas griff, dieselbe Bewegung.

Es war früh am Abend, kaum andere Gäste. Ich schritt durch das Lokal und fragte sie, ob ich mich zu ihr setzen dürfe. Sie rührte sich nicht. Der Ausdruck auf ihrem Gesicht war nicht zu deuten. Mit größtmöglicher Diskretion berichtete ich, unter welchen Umständen ich sie das erste Mal gesehen hatte. Sie lächelte und nickte zustimmend. Einen Moment lang war ich mir nicht sicher, ob es die selbe Frau war. Sie wirkte distanziert und zurückhaltend.

Sie sei Fotografin, sagte sie. Sie habe damals in Saint Petersburg fotografiert und zwischendurch am Nachmittag den Ausflug nach Sanibel gemacht. Ich sei auf Urlaub gewesen, erzählte ich ihr; ich unterrichte asiatische Geschichte an der University of Washington – wir fanden einen Berührungspunkt in Japan. Ein Band mit ihren Fotos von Bauernhöfen und Landleben auf Hokkaido, der nördlichsten Insel, war gerade erschienen. Ich kannte das Buch. In der Erinnerung sah ich Bilder von Kühen, die im dichten Schneegestöber grasten, von einem verwitterten Karren, der einen eingedrückten Getreideberg geladen hatte, und von vogelähnlichen Händen, die Werkzeuge hielten. In diesen ersten Momenten schienen die Bilder eine ebenso logische wie schöne Fortsetzung von ihr zu sein.

Wir unterhielten uns stundenlang – über Hummeln und Cartier-Bresson, Haiuks, Tibet und westliche Romane; und ich fragte sie, ob ich sie nach Hause bringen dürfe. Zu dem Zeitpunkt war eine Wärme zwischen uns, aber ich konnte die Grenzen spüren und wollte doch lieber Gute Nacht sagen, den Abend so abschließen, diese Erinnerung behalten, statt uns beide zu belasten. So vieles in Menschen ist unergründlich; wir begehen so häufig Übertritte ohne böse Absicht, verletzen ohne Grund. Nein, sagte sie, sie habe nichts dagegen.

Wir gingen zu Fuß viele Blocks nach Norden, dann nach Osten auf den Fluss zu. Auf den Bürgersteigen war Eis, und wir hakten uns unter. Sie hatte eine Wohnung über einer verwitterten Ladenfront. Wir setzten uns auf eine Couch in einem weiß gestrichenen und dezent beleuchteten geräumigen Zimmer, an dessen einer Wand mehrere großformatige Fotos von Seegras und von Bäumen auf einer Wiese in Michigan hingen. Ich hatte angenommen, irgendwo im Zimmer würden Muscheln liegen, aber ich sah keine.

Ich schaute eines ihrer Bücher durch, Schwarzweißaufnahmen aus dem ländlichen Maine. Sie machte einen leichten Tee, kamilleähnlich. Wir tranken Tee. Sie war sehr still, und dann sprach sie über die Muscheln. Bei jeder sich bietenden Gelegenheit, sagte sie, ging sie auf die Suche. Wenn sie in Australien arbeitete oder auf den Philippinen oder an der Küste von Spanien. Anfangs hatte sie die Muscheln gesammelt. Jetzt nahm sie nur noch in seltenen Fällen eine mit, obwohl sie weiter schauen ging, vor allem in der Hoffnung, einmal eine bestimmte seltene Purpurschnecke zu sehen und noch andere Muscheln, die sie vielleicht niemals finden, oder wenn, einfach liegen lassen würde. Früher war sie im Urlaub gern allein an die exotischen Strände im Korallenmeer und im Südchinesischen Meer gefahren und an Orte wie die Seychellen. Mittlerweile blieb sie zunehmend im Lande, fuhr nach Block Island oder Martha's Vineyard, nach Assateague Island oder nach Padre Island in Texas, wo sie Tage damit zubrachte, sich die einfachsten Wellhornschnecken und Venusmuscheln anzuschauen und herauszufinden, in welch winzigen Kleinigkeiten sich alle voneinander unterschieden. An dem Tag, als ich sie gesehen hatte, sagte sie, war sie, wie schon öfter, nach Sanibel gefahren, um spazieren zu gehen, ab und zu eine Muschel aufzuheben, sie in dem weißen tropischen Licht zu wenden, die Höcker und Riefen zu fühlen und sie zurückzulegen. Während sie beschrieb, was sie in den Muscheln sah, schien sie langsam aus sich herauszukommen. Die Bewegung ihrer Hände zu ihrer Teetasse drückte jetzt die gleiche Schonung aus, die ich an jenem Tag gesehen hatte, ein heiliges Aufnehmen und graziöses Hinlegen. Sie sprach von glasklarem Wasser, von unerwarteten Farben, Mikadogelb, Himmelblau, Hochrot, von ihrem barocken und einfachen Blau, ihrer Festigkeit und Zartheit. Ihr Ton war innig, fast wehmütig. Als sie zu sprechen aufhörte, war es sehr still.

Der erste Schimmer des Frühlichts behauchte die Fensterscheiben. Nach einer langen Weile ging ich zu meinem Mantel und holte die kleine Miesmuschel von der Polarmeerküste aus der Tasche. Ich kehrte zu ihr zurück. Ich sagte im nüchternsten Ton, der mir gelingen wollte, woher die Muschel kam und was sie mir wegen jenes Tages auf Sanibel Island bedeutete und dass ich sie ihr gerne schenken würde. Sie nahm sie. Was jetzt im Zimmer war, wollte ich nicht stören.

Ich durchschritt wieder das Zimmer, um meinen Mantel zu holen. Sie kam hinterher. An der Tür, wo ich noch etwas sagen wollte, kam ein sanfter Druck auf meinen Arm und sie führte mich in das Zimmer, in dem sie schlief. Ihr Bett war zu ebener Erde. Zwei Fenster blickten nach Osten über die Stadt. Neben dem Bett stand ein kleiner weißer Tisch mit einer Glasplatte über einem ehemaligen Setzkasten. In den Fächern lagen Muscheln.

Sie schob die Glasplatte zurück, und auf den Fersen kauernd fing sie an, sie mir zu zeigen. Auf eine Frage hin erklärte sie, woher eine Muschel stammte oder unter welchen Umständen sie sie gefunden hatte. Einige waren so dünn, dass ich die Farbe meiner Haut durch sie erkennen konnte. Andere waren so fein getönt, dass sie mir ihre Farbe sagen musste. Sie fühlten sich an wie Bein, wie vom Wasser abgeschliffenes Glas und Rohseide. Muster wie afrikanische Stoffe und chinesische Inschriften. Kegelschnecken wie Mingvasen. Sie drehte meine Handfläche nach oben und schüttete etwas in die Wölbung, das ich zunächst für Sandkörner hielt. Als mein Auge sich darauf eingestellt hatte, sah ich, dass es Muscheln waren, jede einzelne in unendlicher Präzision mit einer strahlenartigen Riefenzeichnung versehen. Die Letzte, die sie mir in die Hand legte, war wie ein Ei, weiß wie Alabaster und genauso glatt, nur die Rückseite war mit so feinen Verästelungen graviert, dass mein Auge vor dem Detailreichtum versagte.

Sie legte die Muscheln zurück und schob vorsichtig das Glas wieder darüber. Es herrschte eine Stille im Raum, die nur bei Tagesanbruch kommt. Licht überquoll den Rand eines Hauses und fiel durchs Fenster, und die bleiche Kurve ihres Halses glänzte auf. In der Wand bummerten plötzlich Heizungsrohre. Ihre Haare bewegten sich wie von Atem angehaucht, und ich sah die gerötete Kontur ihrer Wange. In diesem Moment des Friedens hörte ich sie zwischen den Muscheln von Sanibel einhergehen, hörte das Schlagen von Flügeln in der Höhe und stellte mir vor, dass es möglich war, eine elementare Angst loszulassen.

Der Mann, der die Wörter liebte

Du musst es zunächst einmal andersherum betrachten: Er war ein einfacher Gärtner. Er war Mexikaner, und er lebte im Barrio von East Los Angeles, und obwohl sein Beruf gewissermaßen zwangsweise auf ihn gekommen war, vom Vater auf den Sohn, besaß er in jeder Lebenslage ein erhebendes Bewusstsein von einer Welt außerhalb seiner niedrigen Arbeiten. Er las Literatur, in Englisch und Spanisch. Er war einunddreißig, ledig, schüchtern und von Wörtern besessen, nicht in einer Art eines Sprachwissenschaftlers, sondern so, wie nur ein Autodidakt es sein konnte: Er wusste um die Kraft der Wörter, Gefühle hervorzuholen und einen zu verzaubern. Er wusste um die Heilkraft der Wörter.

Ein belesener Mann zu sein und sich von einer glücklichen Formulierung genauso reich beschenkt zu fühlen wie unter Rosen, nahm er nicht als ungewöhnlich wahr, denn so dachte er nicht. Von sich aus wäre er nie auf die Idee gekommen, dass sein Leben exzentrisch oder paradox war; er ahnte nicht, dass einer wie er eigentlich bestimmten Klischees zu entsprechen hatte. Wenn also jemand an ihm Anstoß nahm – ein Bankangestellter, der mit ihm an der Bushaltestelle wartete und stirnrunzelnd auf ihn herabsah, während er den *Herbst des Patriarchen* las –, so erreichte ihn das nicht. Klugerweise hatte er um sich herum eine Hecke wachsen lassen, gefällig wie Flieder, die ihn vor leutseligen Gesprächen mit Arbeitgebern und den meisten Anglos schützte. Doch er begriff sie nicht als Barriere, denn er verspürte keinerlei Neigung, sich Überlebensstrategien oder mögliche Gründe dafür auszudenken. Ein gewisses Gespür für untergründige Strömungen diente ihm nur dazu, ein möglichst ungestörtes Leben zu führen.

Mehrere Dinge waren ihm wichtig. Er wollte niemandem auf der Tasche liegen. Er wollte sich nicht von seinen Ritualen abbringen lassen, von der Pflege der Pflanzen in den schattigen Gärten von Beverly Hills so wenig wie von den Entwicklungen eines Leselebens, wo ein Buch über unsichtbare und doch unausweichliche Fäden zum nächsten führt. Dies aber waren keine Vorstellungen, die er im Kopf hatte; er ging mit sich selbst genauso unbefangen um wie mit jedem, dem er begegnete. Und er war geradezu unnatürlich still; eine eindringliche Stille erfüllte und umgab ihn, sodass man hätte meinen können, im Halbschatten dieser Ordnung würden wilde Tiere so handsam wie Osterglocken.

Er war nicht stumpf. Er akzeptierte das Knechtische und Ungerechte seiner Position außerhalb seines eigentlichen Lebens. Er wusste wohl, was Rassismus war, aber er ließ sich davon nicht anfechten. Wie ein Baum seine Wurzeln Wasser suchend in die Tiefe und seine Äste dem Licht entgegenstreckt, genauso hatte er eine Ebene der Zuordnung gefunden, und auf ihr war er teilweise unsichtbar. Er reicherte sich mit Wörtern an, und der tägliche Kontakt mit der Erde wirkte auf andere, nicht minder nötige Art nährend auf ihn.

Er hatte zudem auf unterirdischen, verschlungenen Pfaden den Hass umgehen gelernt, was seinen Zorn im Angesicht von Feigheit und Brutalität nicht geringer machte, aber ihn nicht in Rachegedanken oder politische Korrektheit verfallen ließ. Er schlief tief und fest. Er las bei Tagesanbruch in einem Licht, das ihn gelegentlich genauso tief rührte wie die Wörter auf seinem Schoß. Doch er sah darin keine Flucht.

Er wusste die Qualität und die handgerechte Form seiner Werkzeuge zu schätzen und legte großen Wert auf sie. Er verstand sich auf das Reparieren von Maschinen. Und er schrieb am Abend Gedichte, in der Brise am Fenster. Es waren keine brillanten Gedichte, denn die Umsetzung dessen, was er bewunderte, in das, was er niederschrieb, wollte ihm nicht gelingen, doch dessen war er sich nicht bewusst. Die Verse waren nicht kitschig, die Emotionen nicht übertrieben. Er widmete ihnen die gleiche Sorgfalt, mit der er gärtnerte, aber nicht den gleichen Fleiß, und daraus bezog er seinen Humor und seine Ausgeglichenheit.

Er kannte mehrere Frauen, mit denen er manchmal die Nacht verbrachte und in deren Gesellschaft er beinahe aus dem Kokon seines Lebens schlüpfte. Er machte sich keine Gedanken über Einsamkeit oder vergeudete Zeit oder mangelnden Ehrgeiz oder sonstige Urteile, die seine Arbeitgeber über ihn abgaben, wenn auch selten ihm ins Gesicht. Er war in ihren Augen nur ein etwas seltsamer, ganz sympathischer Mexikaner, über den man besorgt räsonnierte wie etwa über das Wetter.

Solange er von solchen Leuten Abstand wahrte, konnte ihn ihre gönnerhafte, anmaßende Art nicht berühren; und er sorgte geflissentlich für diesen Abstand.

In einer nahezu unerreichbaren Tiefe in seinem Innern jedoch ruhte die mittelalterliche, felsenfeste Überzeugung, dass Metaphern die Wirklichkeit verdoppelten, dass abstrakte Ideen eine physische Anschaulichkeit besäßen. Während er sich um seine Sträucher und Beetpflanzen kümmerte, um den Schnitt von Rasenflächen und Efeuhängen, bewegte er sich gleichzeitig in einer Welt genauso emsig beschnittener und bewässerter kultivierter Ideen, von denen eine genauso heilsame Wirkung ausging.

Wie ein Stein auf einem ausgetretenen Pfad Jahrtausende darauf wartet, ein ganz bestimmtes Pferd straucheln zu lassen, so nahm jetzt diese Überschneidung von Ideen und Arbeit gedankliche Gestalt an, überschritt eine Schwelle, wurde bewusst und ließ ihn nicht mehr los.

Eines Tages, seine braunen Arme umfassten gerade eine Ladung geschnittener Palmwedel, erstarrte er mitten in der Bewegung, als wollte er sich an etwas erinnern, der unsagbaren

Färbung des weiten Abendhimmels hinter sich gewahr, und ein Bild von Zerstörung blitzte kurz in ihm auf. Er ging den Hang hinauf und dachte an Tulpenzwiebeln.

Seine Auflösung glich der Bewegung der Ebbe, ein unbestreitbares Schwinden, aber im konkreten Augenblick nicht festzumachen. Nur an bestimmten, gleich bleibenden Bezugspunkten konnte er die Veränderung erkennen. Er wünschte sich auf einmal, seine Gedichte wären kunstvoller; er grübelte bei der Arbeit über die Grobheiten und unbedachten Vorurteile der Kinder seiner Arbeitgeber nach. Er entdeckte bei sich Begehrlichkeit und registrierte einen unbestimmten Groll gegen seine Umwelt. Er entwickelte eine mäkelnde Einstellung zu dem, was er las, und erkannte, dass er zu Blasiertheit fähig war. Er hatte sich in seinem ganzen Leben noch niemals derart selbst beobachtet. Und er vermutete, dass es diese Beschäftigung mit sich selbst war, was ihm immer stärker das Gefühl gab zu ertrinken.

Einmal aus sich hinausversetzt und somit zum Beobachter gemacht, wurde er haltlos. Jede seine Handlungen bekam ein solches metaphysisches Gewicht, dass ihn die einfachsten Aufgaben lähmten. Rosensträucher schneiden, früher eine geradezu tänzerische Übung, war jetzt nur noch ein konfuses und ineffektives Gehampel. Die Mechanik von Rasenmähern war plötzlich zu hoch für ihn. Das Essen schmeckte ihm nicht mehr. Er hörte auf zu lesen.

Je mehr er nachdachte, umso zerrütteter wurde er, bis er schließlich die Notwendigkeit fühlte, mit jemandem zu reden. Von den Frauen, die er kannte, kam nur eine in Frage, und ihre Hilfe erschöpfte sich in der Versicherung, sie glaube an ihn, und das reichte ihm nicht.

Niemand, begriff er, konnte verstehen, wie es zu seiner Not gekommen war, weil er niemanden an sich herangelassen hatte.

Er nahm sich vor, seine Abwärtsentwicklung – die ihn frappierte und erboste, weil Vernunftsgründe dagegen machtlos waren und er die Bedeutung der Vernunft im Leben der Menschen mittlerweile eher überbewertete – mit Disziplin anzuhalten. Er nahm das Lesen wieder auf. Er setzte sich eine bestimmte Anzahl Bücher, die er jede Woche lesen wollte. Von Wörtern, die er nicht kannte, legte er sich Listen an, damit er nicht vergaß, sie nachzuschlagen. Für seinen therapeutischen Versuch, die Selbstbeherrschung und innere Ungestörtheit zurückzugewinnen, dienten ihm die Gärten, die er pflegte, als Spiegel; um seinen Stand und die Fortschritte, die er machte, zu beurteilen, beobachtete er die Bewegungen seiner Hände zwischen den Blumen. Wie geschickt?, fragte er sich. Wie sinnbildlich?, fragte er und setzte so das Werk seiner Selbstzerstörung fort.

Eines Nachmittags sinnierte er über ein Wort, das ihm am Morgen begegnet war und in das er sich sofort verliebt hatte, aus dem Eindruck heraus, dass es in seiner Bedeutung schlagartig das Wesen seines Zustands einfing: *sharawadji*, eine schön wirkende Unordnung. Wie man ein Blatt Karten auffächert, das man auf der Hand hat, so fächerte er diese Vorstellung gedanklich immer weiter auf, bis er in dem Tumult von Ideen sich selbst als zwar metaphysisch ein wenig derangiert, aber dennoch ganz präsentabel ansah (jetzt noch stärker gewahr, Mexikaner zu sein) und auch die Ironie erkannte, die darin lag, dass sauber gepflegte Gärten mit tief verwurzelten Pflanzen die Häuser von oberflächlichen und sittlich verkommenen Leuten umgaben (so förderte er seine Bigotterie). Ein andermal, in einer Periode akuten Selbstmitleids, machte er sich Gedanken über das Wort *ahimsa*, das die Achtung vor allen Lebewesen bezeichnete. Und alsbald bereiteten ihm die Rechte der Blattläuse und die Schreie gemähter Grashalme Gewissensbisse. Und eines Abends nahm er sich nach der Arbeit eine Freiheit heraus, die ihm einen Monat zuvor gar nicht in den Sinn gekommen wäre: Er betrat mit seiner Wörterliste ein Gästehaus und begann ein dickes Wörterbuch durchzublättern, das schwergewichtig auf einer schmiedeeisernen Ablage im Zimmer ruhte. Der Besitzer überraschte ihn; er entschuldigte sich mit gebührender Unterwürfigkeit, aber es war fast augenblicklich klar, dass dies allein nicht ausreichte. Er versuchte eine Erklärung. Seine Nervosität, seine Kleidung, sein

Akzent, alles sprach gegen ihn. Statt belesen, wie erhofft, wirkte er auf einmal nur noch dumm. Während er dem Mann verzweifelt die Liste hinhielt, begriff er, dass sie wie etwas aussah, das er widerrechtlich abgeschrieben hatte, und ein Gefühl von Ungerechtigkeit durchfuhr ihn. Sein Takt ließ nicht mehr als Ironie zum Ausdruck kommen. Seine Wut schlug sich nur in einem bitteren Lächeln nieder.

Der anschließende Verlust anderer Stellen erschien ihm vorhersehbar, eine Folge seiner moralischen und metaphysischen Wichtigtuerei. Er hatte sich für seine Begriffe nie zuvor wichtig gemacht. Jetzt aber war er dieser Unschuld beraubt, und er bestürmte sich mit endlosen intellektuellen Erklärungen und mit Skrupeln, die sogar ihm lächerlich vorkamen, was ihn noch wütender machte.

In diesem Zustand ließ er sich gewissermaßen mit dem Teufel ein. Er bezog Arbeitslosenunterstützung und begann sich mit seinen Nachbarn zu streiten, schimpfte auf ihre mexikanischen Unarten und bewies noch auf andere Weise seinen gegen sich selbst gerichteten Zorn und natürlich seinen Schmerz. Über die Tiefe seiner Verlorenheit, seine innere Verwahrlosung und die Trägheit, die mit seinen Depressionen einherging, machte er sich keine Gedanken mehr.

Was ihn rettete, war in erster Linie sein Glaube an äußere Entsprechungen, seine Ahnung, dass er sich unter andern Umständen, auch wenn sie künstlich hergestellt waren, wieder in den Griff bekommen könnte. Allein aus diesem Grund suchte er seinen Vater auf. Der Vater sah in dem Sohn einen akut gefährdeten Phantasten und beargwöhnte dessen Tendenz, sich von der Welt abzuschließen. Seit Jahren war er der Meinung, sein Sohn sei homosexuell. Er unterstellte ihm Unverschämtheit und bezichtigte ihn scharf der Feigheit. Dies alles stürzte auf den Sohn ein wie ein losgelassener Schwarm aufgescheuchter Tauben. Er wollte den Rat seines Vaters, wohin er gehen konnte. Er erklärte, er müsse fort. Er wollte nicht geheimnisvoll tun und war sich sicher, nachdem er es ausgesprochen hatte, dass sein Vater die Bitte falsch auffassen würde. Dennoch waren sie Vater und Sohn. Sein Vater riet ihm, einen Onkel in Yuma zu besuchen, der Empfangschef in einem Hotel war.

Der Vater schloss den Sohn abrupt, aber fest in die Arme, als dieser sich verabschiedete.

Er rechnete mit mehreren Möglichkeiten: eine Weile fort zu sein, eine Stelle zu finden, ein paar Wochen in den Bergen im Norden zu verbringen. Zum Glück nahm er keine dieser Pläne ernst; er wollte schlicht tun, was nötig war, um seiner Selbstbespiegelung ein Ende zu machen. Die unterdrückte Bigotterie in Yuma gab ihm etwas, woran er sich reiben konnte. Sein Onkel ging jeden Abend auf mexikanische Art herausgeputzt aus und war meistens abwesend. Die Nähe der Grenze erzeugte allgemein Missgunst und Argwohn. Touristen streiften durch die Straßen wie welt- und selbstvergessen. Nichts von alledem berührte ihn. Nur die Erkenntnis, dass er fern der Gärten von Beverly Hills war, dass er Mexikaner war und dass er gern las, und das sichere Wissen, dass ihn im weiteren Verlauf des Lebens andere, nicht geringere Gefahren erwarteten.

Das Zimmer, in dem er untergebracht war, bekam morgens eine Brise ab. Das Licht am Nachmittag war indirekt und schien im Raum zu schweben. Eines Tages überkam ihn beim Anblick seiner harten, stumpfen Daumen auf den weißen Seiten eines Buches plötzlich Befriedigung. Die Nachmittagshitze stand in der Luft, und er spürte ein Kribbeln im Bauch. Er dachte an das geheimnisvolle Leben, das in einer Schubkarre mit Blumenzwiebeln schlummerte, an das Geräusch seines Spatens beim Stoß in die Erde und an seinen klugen Umgang mit Wasser.

Er blätterte Seiten um und las weiter.

Der Verlauf des Flusses

Laut einem Tagebucheintrag von Benjamin Foster, einem Historiker, der damals am Platte River aus den Wüsten des Great Basin zurückkehrte, kam der Frühling 1844 verfrüht nach Westnebraska. Die ersten Töne einer Ohrenlerche verzeichnete er am 16. Februar. Dieses vorzeitig gute Wetter bewog ihn, ein paar Wochen bei einem Trupp Pawnee zu bleiben, die südlich des Niobrara River lagerten. Eines Morgens schloss er sich zwei Männern an, die entlaufene Pferde einfangen wollten. Als sie die Pferde fanden, weideten diese nahe einer mit Eichen und Eschen bestandenen Insel auf der Prärie am Rand des Flusses. Beim Anblick der Strömung und des Treibsandes war Foster froh, dass die Pferde ihn nicht überquert hatten.

Auf dem Rückweg, schreibt Foster – von seinem letzten Tagebuch ist wenig erhalten geblieben, aber immerhin einige Fragmente mit Bezug auf diesen Vorfall –, erzählte ihm einer der Pawnee, dass im Sommer davor der obere Niobrara verschwunden war.

Zunächst fasste Foster dies als bildliche Beschreibung einer großen Dürre auf, doch der andere Pawnee meinte, nein, der Niobrara sei nicht ausgetrocknet gewesen, im Gegenteil, der Frühling 1843 sei überaus nass gewesen. Er sei verschwunden. Dass Foster diese Mitteilung ernst nahm, dass er nicht mit Skepsis oder Spott darauf reagierte, war etwas, das ihn auszeichnete.

Die Pawnee, fährt er fort, führten das Verschwinden des Flusses nicht auf eine bestimmte Ursache zurück (Foster, sollte ich dazu sagen, hatte unter ihnen einen besonderen Status, denn er sprach fließend Pawnee und wurde von ihnen zweifellos sowohl als kenntnisreich wie auch als vertrauenswürdig empfunden), sondern sahen darin eine Art Mutwillen, den sie amüsant fanden. Sie erklärten Foster, dass die Erde und die Flüsse nicht den Menschen gehörten, sondern nur von ihnen benutzt wurden und dass die Erde bei allem Wohlgefallen, das sie an den Pawnee hatte, vom weißen Mann bitter enttäuscht war. Es entsprach der Erde, sagten sie, einen Fluss einfach eine Zeit lang weg sein zu lassen, um Menschen eine Lektion zu erteilen, die sich zu sehr darauf verließen, dass solche Dinge immer da waren.

Forster fand diese Erklärung engstirnig und selbstherrlich und ließ das die Pawnee wissen. Die aber blieben fest. Foster schreibt, er habe immer weniger verstanden, was sich zugetragen haben könnte, sei aber lange genug unter Indianern gewesen, um zu wissen, dass sie Humor hatten und Allegorien ihre Stärke waren. Falls der Fluss den Lauf geändert hätte oder verschwunden wäre, gab er ihnen zu bedenken, beträfe das die Pawnee genauso wie die Weißen; doch die Pawnee sagten, nein, dem sei nicht so, denn solche Dinge erlebten sie ständig, die könnten sie nicht beirren.

Es ist schwer zu ergründen, was mit dem Fluss geschah beziehungsweise mit Foster, nachdem er einmal, wie es den Anschein hat, zu dem Schluss gekommen war, dass die Pawnee Recht hatten, dass nämlich im Sommer des Jahres 1843 der Oberlauf des Niobrara River, oberhalb der heutigen Ortschaft Marsland und weiter westlich nach Wyoming hinein, buchstäblich für vier oder fünf Monate weg war.

Eine anfängliche Überlegung, schrieb er, sei gewesen, dass die Leute, zu denen er sich gesellt hatte, gar keine Pawnee waren. Er erwog die Möglichkeit, dass sie ein bisschen zu weit im Norden waren, in Sioux-, eventuell auch Arapaho-Gebiet. Obwohl sie sprachen, aßen, sich kleideten und sogar Taschenspielertricks machten wie Pawnee, konnten sie andere Leute sein, die es mit der Wahrheit örtlicher Begebenheiten nicht so genau nahmen. Anderswo in seinen Aufzeichnungen erwähnt Foster einen Imitationsritus, bei dem eine Gruppe aus einem Stamm, von Arikara zum Beispiel, über einen langen Zeitraum hinweg, fünfzehn Jahre und mehr, eine Gruppe aus einem andern Stamm imitierte. Diese Sitte, sich gegenseitig zum Zeitvertreib bis ins kleinste Detail nachzuahmen, kam in der nördlichen Prärie in den Zwanzigerjahren des 19. Jahrhunderts auf. Foster konnte nicht ausschließen, dass er unter Oglala-Sioux geraten war, die sich in einem solchen »langen Spiel« als Pawnee ausgaben und jetzt die Gelegenheit nutzten, einen weißen Mann zu veralbern und sich gleichzeitig über ihre Nachbarn, die Pawnee, lustig zu machen, die vor lauter Sternguckerei mitunter nicht mitkriegten, was direkt vor ihren Füßen geschah. Doch er kannte die Pawnee gut; nach ausführlicher Befragung war er überzeugt, dass er in ihrer Gesellschaft war, keiner andern.

Wie es scheint, versuchte Foster systematisch eine Grundlage für den Glauben an das Verschwinden des Flusses zu entdecken und verfolgte diese Absicht mit zunehmender Entschlossenheit, so als ahnte er die Wahrheit der Sache, aber wüsste nicht, wie er sie beweisen sollte. Ich weiß nicht, warum, aber ich habe den Eindruck, dass dem Mann zu dem Zeitpunkt alles, was er im Leben gesehen hatte, fraglich geworden war, dass er nicht wusste, was davon überhaupt als glaubwürdig gelten konnte.

Die Möglichkeit, dass der Fluss einfach sein Bett gewechselt hatte, erschien ihm denkbar, doch nach umfangreichen Nachforschungen in dem gesamten Hügelgebiet schloss er sie aus. Der Fluss hatte nicht seinen Lauf geändert und war auch nicht ausgetrocknet, wurde ihm wiederholt versichert, er war verschwunden. Es hatte keine Weiden auf den Inseln gegeben. Es hatte keine Inseln gegeben. Es hatte kein Schwemmland gegeben, nicht einmal ausgewaschene Rinnen im Sand, keine toten Arme, nichts. Bewaffnet mit neuen Landkarten von 1840 sowie einem Theodoliten, einem Kompass, einem künstlichen Quecksilberhorizont und andern Instrumenten, die er sich in Fort Laramie, einige hundert Meilen südwestlich, geborgt hatte, versuchte Foster den aktuellen Verlauf des Flusses mit seinem Verlauf im November 1840, als die Landkarten angefertigt worden waren, zu vergleichen. Die Abweichungen waren jedoch zu geringfügig, um ins Gewicht zu fallen, was angesichts der Grobheit der damaligen Geräte und Messverfahren auch nicht anders zu erwarten gewesen war.

In der Folge gelang es Foster nicht, einen alteingesessenen Bewohner ausfindig zu machen, den er hätte befragen können, oder von den in Fort Laramie oder Fort Platte im Süden stationierten Männern etwas zu erfahren. Auf der Suche nach geeigneten Gesprächspartnern ritt er nach Norden bis zum Sitz des Sioux-Beauftragten der Regierung in South Dakota. Nachdem alle herkömmlichen Methoden ausgeschöpft waren, schlug er zuletzt abseitigere Bahnen ein. Er hegte schon lange die Überzeugung (worin ihn einige der Menschen, mit denen er zusammenlebte, bestärkten), dass die Geschichte der Erde jedes Frühjahr aufs Neue in den Formen der hoch aufgetürmten Kumuluswolken offenbart wurde, die von Norden und Westen über das Land zogen. Wenn jemand begnadet war, wenn er *wakan* war, und wenn er die Geduld hatte, den Himmel vom ersten Gewitter bis zum ersten Präriebrand zu beobachten, sah er sie. Es gab keine logische Abfolge, die Ereignisse entfalteten sich nach ihrer eigenen Ordnung, und so richtete Foster sich auf eine lange Wache ein. Eines Nachmittags im April, siebzehn Tage nachdem er angefangen hatte, sah er mithilfe eines Deuters, so klar wie die Moskitograshalme vor sich und die Mokassins an seinen Füßen, am Horizont das Verblassen und Verschwinden des oberen Niobrara in den Wolken. Er schätzte den Zeitpunkt im Jahr auf Ende Juni.

Dies muss für Foster einigermaßen beunruhigend gewesen sein, wie er da, gewissermaßen in zwei Welten lebend, unter dem unbeirrten Ziehen der Wolken auf dem Rücken lag, die Drehung der Erde unter sich fühlte und sich fragte, was er wusste und nicht wusste, beweisen und nicht beweisen konnte. Unter welchen Bedingungen kann man jemandem Glauben schenken?

Es kommt noch etwas hinzu. In einem Brief an Foster vom 7. Juli 1831 erwähnt der amerikanische Entdecker und Maler George Catlin sein Grauen vor der Weite der Landschaft in Nebraska. Auf Fußmärschen in der Hochgrasprärie benutzten er und seine Begleiter einen Sextanten und ein Chronometer wie auf See. Ich weiß nicht, ob die Unterstreichung dieser Stelle in Catlins Brief (er ist erhalten) bedeutet, dass Foster die Prärie seinerseits als ozeanisch wahrnahm – später kam das Wort von den »Küsten Nebraskas« auf –, oder ob auch er sich in einsamen Situationen von der grenzenlosen Weite verunsichert fühlte, wie es ganz besonders in jenem Frühling der Fall gewesen sein könnte.

Das Verschwinden des oberen Niobrara wäre vielleicht niemals ans Licht gekommen, wenn nicht Foster zu dem Zeitpunkt einen Zusammenbruch gehabt hätte, der viel später das Interesse eines Geschichtsstudenten an der Idaho State University erregte, Anton Breverton. Breverton wollte in seiner Dissertation Fosters Laufbahn im Westen dokumentieren, und vor allem wollte er diese eine Episode am Niobrara aufklären. Ich habe Breverton vor einigen Jahren aus den Augen verloren. Er lebt heute entweder völlig zurückgezogen, möglicherweise in Europa, oder er ist gestorben. Seine Dissertation, muss ich leider gestehen, ist ebenfalls nicht verfügbar. Der Archivar in Pocatello glaubt, dass sie unter etwa zwanzig Dissertationen war, die 1948 beim Umzug der Bibliothek in ein neues Gebäude verloren gingen. Ich las die Dissertation auf Brevertons Bitte hin, als sie herauskam, machte mir ein paar Notizen und gab sie zurück. Fosters Leben zu rekonstruieren war auch bei mir zu einer Obsession geworden, nachdem ich in den Besitz der Aufzeichnungen und Tagebücher gekommen war, die bei seiner Vernichtungsaktion damals im Frühling verschont geblieben waren.

Breverton las sich ausgiebig in der Naturkunde und Geschichte von Westnebraska um, studierte indianische wie weiße Quellen, um irgendeinen Hinweis zu entdecken, der dazu beitragen könnte, das Verschwinden des Flusses oder die Geschichte, die die Pawnee Foster erzählt hatten, zu erklären. Er durchforstete Tagebücher von Emigranten, Berichte im Smithsonian Institute, der Carnegie Institution – alles umsonst. Er las sogar Heimatromane, darunter die von Mari Sandoz, und scheute nicht den Aufwand, nach New York zu fahren und Ms. Sandoz zu interviewen. Als ungewöhnlich feinfühlige Frau, die um die Jahrhundertwende in der Gegend aufgewachsen war, hatte Ms. Sandoz den von dort stammenden Geschichten besondere Aufmerksamkeit geschenkt. Doch es gelang Breverton nicht, die Begebenheit auch nur im Geringsten zu belegen. Er ließ sie schließlich aus seiner Dissertation heraus.

Dem Vernehmen nach verschaffte sich ein Kollege von Breverton, den die ganze Angelegenheit verdross, ja geradezu erzürnte, auf irgendeinem Wege Fördermittel von der Armee, um in den Countys Dawes, Sioux und Box Butte in Nebraska, durch die der Niobrara fließt, Bodenanalysen durchzuführen, aber ich weiß nicht, was daraus geworden ist. Ich selbst habe mich mit dem Stammesrat der Pawnee und mit Freunden bei den Arapaho in Verbindung gesetzt, ferner mit Lehrkräften an der University of Nebraska, von denen zusätzliche Aufschlüsse zu erwarten gewesen wären, aber ohne Ergebnis.

Ich für meinen Teil glaube nicht, dass der Fluss jemals verschwand. Ich vermute, dass Foster, ein hoch begabter Mann, der sich die Vernichtung der indianischen Kulturen sehr zu Herzen nahm, am Ende schlicht dem Wahnsinn verfiel.

Ein Schlüsselerlebnis hatte Foster im Jahre 1808, als er in einem großen Chippewa-Dorf nahe der heutigen Ortschaft Bayfield in Wisconsin wohnte. Vertreter des Shawnee-Propheten waren gekommen und hatten die Leute angewiesen, alle Feuer zu löschen, das Feuer auf die alte Art mit Stöcken neu zu entzünden und es nie wieder ausgehen zu lassen. Sie sagten, die alte Lebensweise werde wiederkehren, der Prophet selbst werde die Toten zurückbringen. Die demoralisierten Chippewa machten sich die Anschauungen der leidenschaftlichen jungen Männer begeistert zu Eigen. Als Beweis der Gefolgschaft verlangten diese, dass alle ihre persönlichen Besitztümer wegwarfen. Als elfjähriger Junge sah Foster die Medizinbündel von tausend Männern am Ufer des Lake Superior liegen, allesamt von den Wellen angespült. Irgendjemand (vielleicht sogar Foster) muss diese kleinen Bündel, geschmückt mit ertauschten Glasperlen, bunten Tuchstreifen, Federn und Stachelschweinborsten, aufgesammelt und weggeschafft haben, denn eines Morgens waren die Strände leer.

Von dieser Zeit an war Foster, meiner festen Überzeugung nach, von der Idee besessen, die Anschauungen der Indianerstämme aufzuzeichnen, bevor sie den Weißen oder der Panik ihrer eigenen geistigen Führer zum Opfer fielen. Das ist jedenfalls die Meinung eines Jugendfreundes von Foster, der diesen Vorfall am See in *A Narrative of the Captivity and Adventures of John Tanner* beschreibt. (Weitere Bestätigung geben die privaten Papiere von W.W. Warren in der Handschriftensammlung der Minnesota Historical Society. Wenn man sich klarmacht, dass Foster seine sämtlichen Aufzeichnungen vernichtet hat, wird vielleicht begreiflich, wie schwer sich sein Lebensweg rekonstruieren lässt.)

Foster verbrachte die folgenden dreißig Jahre bei sechs oder sieben verschiedenen Stämmen. Er wird gelegentlich in der Korrespondenz von Ogden, Sublette und andern als Übersetzer und Indianerexperte von außerordentlicher Begabung erwähnt. Anscheinend lebte er jahrelang bei einem Stamm, bevor er weiterzog. Obwohl er es nur ungern tat, lieferte er diese ständig wachsende Masse von Aufzeichnungen periodisch in diversen amerikanischen und britischen Handelsposten zur Aufbewahrung ab, mit der Absicht, sie eines Tages alle wieder einzusammeln. Genau damit war er 1844 beschäftigt, als er sich von den

Pawnee und dem guten Wetter aufhalten ließ. Er hatte zu dem Zeitpunkt elf Packmulis bei sich, alle mit Manuskripten beladen. Seine Schriften waren (nach den spärlichen Resten zu urteilen) detaillierter, vollständiger, reicher an phantastischen Begebenheiten, schärfer und einfühlsamer beobachtet als alles, was Fontenelle, Prinz Maximilian, Ruxton, Stewart oder sonst jemand je zu Papier brachte. Er war auf dem Weg nach Kansas City, wo die einflussreiche Kaufmannsfamilie Chouteau ihm Geld für die Veröffentlichung geboten hatte. Die Sammlung hätte es an Umfang und Bedeutung mit den gesammelten Bänden über den Westen aufgenommen, die über sechzig Jahre später von Reuben Thwaites herausgegeben wurden. Es ist eine der großen Tragödien der amerikanischen Geschichte, dass Foster nie ankam und dass seine Manuskripte der Zerstörung anheim fielen.

Ende Juni 1844 verzweifelte Foster allmählich daran, die Tatsache, dass der Fluss verschwunden war, oder ihre Bedeutung jemals zu verstehen, und nach einer Zeit der rituellen Reinigung und des Träumens begann er, vielleicht in einem Anfall von Agoraphobie oder von der Verflechtung von Fakten, Metaphern und Beweisen zum Wahnsinn getrieben, seine Manuskripte in den Fluss zu werfen. Laut einem Pawnee namens Wolffinger, der mit dem Historiker Henry Lake sprach, ging Foster beispielsweise am Nachmittag nackt hinunter zum Niobrara, watete hinein und schleuderte eine Faust voll Blätter in den Fluss, oder er ließ vom Ufer aus ein Tagebuch über das Wasser titschen wie einen Stein. Zuletzt warf er alles, was er je geschrieben hatte, in den Niobrara River, trieb die Packmulis zu den Pawnee-Pferden auf die Weide und ritt davon. Er zog nach Norden »wie ein aufgescheuchtes Waldhuhn, das über die Prärie davonschwirrt«. Was von diesen Dokumenten übrig geblieben war, kam über meinen Vater, einen Steuerbeamten, in meine Hände. Er fand sie 1901 in einer Scheune bei Lusk in Wyoming. Unter ihnen – gerade so viele, dass sie einen Pappkarton füllten – war die erste Seite eines Aufsatzes mit dem Titel »Von Indianern lernen«. Das Datum weiß ich nicht. Im ersten Absatz sagte Foster: »Ich war bei den Absarokee, als sie vom Schlachtfeld flohen wie Spatzen. Ich habe gesehen, wie Navajo-Männer Gabelböcke zu Fuß bis zum Umfallen hetzten und ihren letzten Atemzug mit einer Hand voll Maismehl erstickten. In einem schlechten Sommer sah ich in der Wüste der schwarzen Steine, wie Shoshoni-Frauen bei Sonnenuntergang hinausgingen und die Wachteln herbeiriefen, weil sie am Verhungern waren. Ich habe die weichen Silben der Arapaho-Sprache gehört und den würgenden Ton des Kiowa und die Zischlaute des Cheyenne. Eine Frau namens Geht-tief lehrte mich tanzen, und einmal tanzte ich, bis ich in die Sonne einging. Doch schon im Herbst 1826 hatte mir ein Piegan namens Coyote-im-Lager im Judith Basin gesagt, dass ich alles falsch lernte...« Es folgen noch ein paar Wörter, der Rest ist verwaschen und verblichen.

Um wenigstens das bisschen zu verstehen, das Foster über das Verschwinden des Niobrara geschrieben hatte (und von Mitleid mit ihm erfüllt), suchte ich 1963 den betreffenden Teil des Staates auf. Ich stieg in der Gemeinde Box Butte in einem kleinen Hotel ab, dem Plainview. Ich hatte sämtliche von Fosters wasserfleckigen Aufzeichnungen dabei, und ich legte sie im Zimmer aus und betrachtete sie vielleicht zum hundertsten Mal. In der Nacht ging ein gewaltiger Wolkenbruch über der Prärie nieder. Der Niobrara drohte über die Ufer zu treten, und ich wurde vom Motelbesitzer geweckt. Ich fuhr über den Fluss – im Scheinwerferkegel sah ich das reißende braune Wasser gegen die Brückenpfeiler branden – und verbrachte den Rest der Nacht auf hohem Gelände in meinem Wagen, in irgendwelchen Hügeln, an deren Namen ich mich nicht erinnere, ein gutes Stück von der Ortschaft entfernt. Am Morgen verirrte ich mich auf den Feldstraßen und fand nicht zurück zum Fluss. Ratlos hielt ich an einer Stelle, die ich vom Vortag her wieder erkannte, und ging von dort zu Fuß zum Fluss weiter, bis ich mich auf den Feldern verlief. Ich traf einen Mann auf einem Traktor, der mir sagte, der Fluss sei noch nie dort vorbeigeflossen. Nie und nimmer. Und ich solle abhauen.

Ich bin seither nie wieder in dieser Gegend gewesen.

Wanderwege

Für
James F. Andrews (1936–1980)
für
A. Gunn, P. Morel, B. Taylor und E. Tracy
und
Sue Hertel (1931–1993)

In Hörweite von Vögeln

Diese Lichtflut raubt mir die Kraft. Jeder Nachmittag scheint mein letzter zu sein. In der knallenden Sonne, ohne Landkarte in nur vage bekanntem Gelände, bin ich wie ein ausgetrockneter Kern in einem sandigen Flussbett. Die Hoffnung ist nur mehr eine Vogelfeder, die vom Abendhimmel gaukelt.

Dabei fing die Wanderung ganz gut an. Ich ging vor zwölf oder fünfzehn Tagen von meinem Zuhause in der östlichen Mojavewüste los, querfeldein Richtung Ozean. Wie ein Puma überquerte ich die Lloma Hills, dann die Little Sangre de Cristo Range. Ohne Schwierigkeiten kletterte ich am südlichsten Zipfel aus dem White Shell Canyon hinaus. Sehr bald schon machte mich die sengende Hitze skeptisch und ich überlegte mir, nur bei Nacht zu laufen. Doch der Nachthimmel war diesig und der Neumond nahe, ich konnte den Weg nicht finden.

Heute dachte ich, es würde vielleicht regnen. Aber jetzt sieht es nicht danach aus. Wasser aufzuspüren fällt mir schwerer als je zuvor in der Vergangenheit, und in diesem Licht und dieser Hitze keines zu haben trägt zu meiner Besorgnis bei. Auch meine Vorstellung davon, wie weit ich noch zu gehen habe, ist ziemlich ungenau. Das macht mir am allermeisten Angst.

In der Ferne fällt das steinige Kaktusland in das Becken der Curandera ab. Hier werde ich mich heute Vormittag nach Norden wenden und dabei hoffen, bei Einbruch der Dunkelheit im nassen Canyon des Oso und von dieser ausgebrannten Hochebene herunter zu sein. Von dort, das weiß ich, wird der

Fluss, wie weit der Weg auch sein mag, zum Ozean führen. Es bestärkt mich, wenn ich mir, jeden Abend neu, den Ozean als mein wahres Ziel vor Augen führe – unter den Sohlen der glatte Strand, rund und hart wie ein Sportlerschenkel, das Donnern des Ozeans, wenn die Wellen den Wind abschütteln und die Strandanhöhe hinaufbranden, wie Wildpferde. Aber am Oso könnte ich auch auf ein Zeichen stoßen, das mich anderswohin weist, vielleicht nach Norden in die Rose Peaks, in eine Gegend, die ich überhaupt nicht kenne.

Was diese Wanderung schwierig macht, ist auch, dass ich mich derart auf mein Gefühl verlassen muss. Beim Aufbruch – geschmeidig der Körper, drahtig – hatte ich ein klares Bild des Marsches vor mir: Strecke, Gefahren, Tagespensum. Aber dann wuchs die Landschaft ins Ungeheure. Da ich mit den Gedanken zu sehr beim Ende war, schlug ich manchmal ein Tempo an, das für das Gelände zu scharf war. Abends war ich abgekämpft, gereizt, ausgedörrt bis ins Herz. Ich scharrte mir eine flache Kuhle und schlief ein, zu erschöpft, um zu essen. Meine dünnen und abgetragenen Sachen fingen an zu zerfasern. Traumlos wachte ich auf, die Zunge vom Durst geschwollen, und schaute mich wie im Delirium nach einem Gefährten um – einem Hund, einem Pferd, einem anderen Menschen, der auch gerade erwachte. Doch es war niemand da, mit dem ich sprechen, nicht einmal jemand, dem ich Wasser geben konnte. Ich spuckte meine Enttäuschung aus. Stur wie die Jupitermonde marschierte ich weiter, nur einmal brach ich weinend und die Erde leckend zusammen.

Ich hatte nicht vorhergesehen, welche Wirkung die Strapazen auf mich haben würden.

Meine einzige Rettung, ein Geschenk, das ich nicht auszudenken vermag, ist immer wieder die nicht nachlassende Güte der Tiere. Einmal, als ich mich richtig verirrt hatte, als mir die Grey Spider Hills und die Black Sparrow Hills in einem Erinnerungsgewirr völlig durcheinander gingen, sah ich zwischen zwei Kreosotsträuchern nur wenige Meter entfernt eine kleine

Kojotin sitzen. Sie beäugte mich prüfend, hieß mich mit diesem Blick folgen. Ich tat es, ohne zu zweifeln, bis ich mich schließlich zurechtfand und die Gegend wieder erkannte.

Ein andermal, am achten Tag, wurde ich vor Hitze und Durst ohnmächtig und fiel durch den Blutglast der Luft auf das Schotterfeld. Was mich traf und umwarf, war ebenso meine Torheit, die Arroganz meiner Entschlossenheit wie der Durst. Im Fallen erkannte ich die Tiefe meiner Dummheit, aber ich war nicht beschämt. Ich fühlte mich befreit. Erlöst. Als ich wieder zu mir kam, spürte ich Wassertropfen, die mir in die Kehle rannen. Ich versuchte einen Arm vor die marternde Sonne zu halten, bekam aber das Gewicht nicht hoch. Ich atmete das Gefühl warmer Seide ein und hörte ein Wischen wie von gesteiften Fächern. Als ich durch meine zitternden Wimpern blinzelte, sah ich, dass ich unter Vögeln lag.

Trauertauben saßen mir auf der Brust, dem Kopf, den ganzen Beinen, die Flügel über mich gespannt wie Sonnenschirme. Mit schlanken Zehen hielten sie mir die Lippen auf. Tauben, eine nach der andern, ließen sich auf meinen Wangen nieder. Sie reckten und drehten die Hälse, dass Wasser herausträufelte, dann flogen sie fort. Ihre glänzenden Augen waren die klaren Teiche eines neu geborenen Kindes.

Vor den ersten, flachen Sonnenstrahlen in den Schutz dieses Felsens gekauert, versuche ich jetzt den Antrieb aufzubringen, um weiterzugehen, abermals in ein Licht zu treten, durch das ich förmlich schwimmen muss. Das Licht ätzt wie Säure, und die Hitze demnächst wird sogar Eidechsen peinigen. Das ist nicht die Wüste meiner Kindheit.

Ich konzentriere mich auf ein Bild von glasklarem Wasser und kühler Luft, wie sie hinter dem Horizont durch den Oso River Canyon fließen. Ich werde mich nackt in seine Strömung legen. Kühle Kresse wird wie Rosenblütenblätter an meiner Haut haften bleiben. Ich werde meine Augen befeuchten, meine fieberheißen Ohren. Ich werde Wasser schlappern wie ein zitternder Hund. Die glühende Ebene vor mir, das gemeine Stechen der Dornen, meine zusammengezogenen Gedärme, das Verirren nehme ich dafür in Kauf. Indem ich beide zusammen sehe – die gnadenlose Hitze, das vergebende Wasser –, erkenne ich die Horizonte meines Lebens. Mein Wunsch anzukommen, diese Distanz zurückzulegen, ist so schneidend, dass ich beim Atmen wimmere wie ein Fohlen.

Zwei Tage ist es her, da kam ich im Agredecido Canyon an eine lange Reihe wilder Figuren, die jemand vor tausend Jahren auf eine nackte Felswand gemalt hat. Ich ging auf der andern Seite des trockenen Flussbettes und hätte sie, versteckt hinter einer Reihe hoher Cottonwoods, beinahe übersehen. So viele Tage in einer Landschaft ohne Menschen hatten mich begierig gemacht, und ich ging raschen Schritts hinüber, als ob sie lebendig wären und sprechen könnten.

Die Ahnen irgendeines Stammes hatten vierunddreißig Figuren auf den ockergelben Fels gemalt, viele darunter bekannt und beruhigend – laufende Dickhornschafe, schreitende menschliche Figuren und andere schwerelose, wie himmelwärts stürzende Tiere. Riesige Halbgötter, die an Katschinas erinnerten, tanzten. Eine Menschengestalt mit eckigen Schultern stand mit dem Rücken zum Betrachter und hielt eine Schlange in der Hand. Zwei verblüffende Bilder zogen mich an. Eines war eine Folge von Piktogrammen entlang einer Felsspalte. Die Ausgangszeichnung, von mir aus gesehen am weitesten links, stellte einen einzelnen, beifußähnlichen Strauch dar. Dann kam ein Knäuel dünner, verschlungener Linien, schwach eingeritzt. Dann eine Seilrolle mit aufgefaserten Enden und dann ein zweites Seil, abgewickelt und wellig. Zuletzt mehrere doppelbögige Formen, als ob ein Kind davonfliegende Möwen gemalt hätte.

Das zweite Bild war einfacher, ein Bär, der auf der Fontäne eines Geysirs schleuderte. Ich dachte, es wäre ein Wassergeysir, aber die großen Augen des Bären und die runde Form seines Mundes verrieten solche Furcht, dass ich ihn schließlich für einen Geysir von Blut hielt. Wie bei so vielem, was Menschen hinterlassen, ist schwer zu sagen, was damit gemeint war. Wir können nur vermuten, dass sie liebten, dass sie sich fürchteten.

Ich stehe auf, will weiter. Unter einem Paloverdebaum bestimme ich an der hohen weißen Scheibe der Sonne meinen Weg. Während ich den flimmernden Mittelgrund betrachte, die Schmelzwasserebene vor den verschwimmenden Bergen, meine ich, auf den Buckel zu schauen, wo die Wasser des Oso entspringen.

Ich gehe darauf zu, westlich mit einer kleinen Nordabweichung, und lausche dem sengenden Schneiden des sichelscharfen Lichts, fühle ringsum die schwarze Hitze wie Wasser aufsteigen, passe auf, wohin ich trete. Mein Auge späht scharf nach Spuren, nach den Tarnfarben der Giftschlangen. Ich finde ein gutes Marschtempo und sehe zu, dass ich es halte, achte auf Atem und Schritt beim Überqueren von Arroyos, die noch Zeichen flutartiger Überschwemmungen aufweisen, und steige flache Hügel hinauf und hinunter. Ich denke überhaupt nicht an den Oso, nur an das, was um mich herum ist – das staubige Orange der Kugelmalvenblüten, das auf den Ruten der Kreosotsträucher glitzernde Harz, die sirrenden Hummeln. Der Nachmittag, der hingestreckte Himmel ziehen sich. Meine Füße zerkrümeln Regenkrusten und Staubwehen. Windstöße treiben mir ausgebrannte Samen entgegen. Die Samen, spröde Blatt- und Stängelbröckchen umstrudeln meine Füße und bleiben liegen.

Einmal sehe ich Gabelböcke – weit im Süden für diese Tiere, zwanzig oder mehr – nach Südosten ziehen, eine lange Lebenslinie unter dem lastenden Himmel.

Beim letzten Licht, als die Sonne schon hinter den Bergen versunken ist, fehlt mir jede Spur vom Oso. Ich setze mich auf einen Granitfelsen, ein langsames Niedersacken auf meine Gesäßknochen. Das Land übersteigt zweifellos alles, was ich mir vorstellen kann. Ich halte mir vor, dass ich am Morgen mit Zuversicht aufgebrochen bin, gehörig gestählt, dachte ich, und da spüre ich, mit jeder fühlenden Faser, dass ich nicht verzweifeln werde. Mein Körper strafft sich wieder voll Entschlossenheit. Ich habe heute so viele Meilen geschafft. Doch ich weiß – körperlich war das mein letzter guter Tag. Verzweiflung, die schwere nächtliche Flut, wallt auf. Ich kann nicht mehr aufstehen. Meine Füße schmerzen von Steinstößen und Dornenstichen. Mein Fleisch strömt die schreiende Hitze aus. Meine Zunge stopft mir den Mund. Ich lege den Kopf, die klebenden Lider, auf die Knie. In diese Qual dringt, wie aus einem unvermuteten Zimmer, eine reine Kaskade von Tönen. Meine Wunden werden still. Die lange Phrase ergießt sich erneut, ein perlendes Tremolo. Die Haut über meinen Beckenknochen wird kalt, wie wenn Schweiß plötzlich trocknet. Abermals das fallende »tije, tije, tije, tije« und dann, ansteigend am Ende, »tiijer«.

Ich stelle mich hin, um durch das Grau zu spähen. Der sprudelnde Ruf durchbricht ein weiteres Mal das Dunkel. Diesmal höre ich jeden einzelnen Ton, ein Canyonzaunkönig, ganz sicher, aber da ist noch etwas. Ich lausche angestrengt in die Nacht, nach jenem andern Klang. Als er kommt, wird mir klar, dass er jedes Mal mit dabei war, bei jedem Ruf, eine vom ersten Ton des Vogels kaum abgesetzte Verzierung. Ich erinnere mich deutlich an die letzten Canyonzaunkönige, die ich gehört habe, zu Hause, wo sie von den Wassern des Colorado nie weit weg sind, ihre Stimmen ein Murmeln mehr in der trockenen Luft.

Wieder das Lied, rein, scharf, jetzt ohne den zierenden Vorschlag. Ich orte die Herkunft und gehe ins Ungewisse, das Gesicht abgewandt, die Hände in die Dunkelheit gestreckt, die Füße voranschiebend, einen Geröllhang hinunter. Lange Minuten vergehen zwischen den Strophen des Zaunköniglieds, und dann herrscht nur Stille. Ich stehe schon einige Augenblicke im Wasser, bevor mir sein Streicheln bewusst wird, bevor ich den Schmerz in meinen Füßen von seinem Lindern unterscheiden kann. Ein kleines Stück weiter höre ich Quellen gurgeln.

Ich hocke mich hin, um die Breite des seichten Rinnsals zu ertasten. Quellwasser des Oso.

Ich gehe ein kleines Stück, die sich sammelnden Wasser hinunter.

Ich trinke. Ich bade. Ich spüle meine Sachen aus.

Der Ozean ist fern, aber ich fühle seinen Atem an den Rand des Kontinents brausen. Wind und verdunstendes Wasser straffen mein nacktes Fleisch. Ich fühle die strömende Flut meines eigenen salzigen Blutes. In der vollen prallen Luft von unten spüre ich, wenn auch ganz schwach, einen Hauch von Birnenblüten und beregneten Feldern. Ich kann darin die letzten verklingenden Rufe von Vögeln erahnen, die auf den Salzwiesen zur Ruhe kommen.

Teal Creek

In den Magdalena Mountains östlich von Ordell, in einem Gebiet, das seit der Zeit der Weißen nach dem Bennett River benannt wird, geschah es, dass sich ein Eremit (ein Wort, das ich erst später gebrauchen lernte) ansiedelte. Sein Name war James Teal. Er kam im April 1954, als die Waldlilien in voller Blüte standen, in einem grünen Dodge Baujahr 1946 angefahren und stieg zuerst einige Monate in Ordell im Courtyard Motel ab, bevor er ein Stück den Bennett hinaufzog.

Er hatte nichts Besonderes bei sich. Beim Gehen hinkte er leicht, was nach Ansicht meines Vaters von einer Kriegsverwundung kommen konnte. Er war groß, hager, sein Gesicht irgendwie asiatisch. Ich weiß noch, wie die Leute sofort spürten, dass er kein Störenfried war und man leicht mit ihm ins Gespräch kam. Für einen Fremden, der keine Arbeit hatte und der sich mit seiner Lebensweise nirgends einordnen ließ, erregte er in Ordell bemerkenswert wenig Argwohn. Tagsüber fuhr er mit dem Auto aus der Stadt; man sah ihn an verschiedenen Stellen in den Wald gehen oder herauskommen. Die Abende verbrachte er in der Nähe des Motels. Er aß im Restaurant von Dan und Ruella oder im Vincent Hotel. Er ging nicht in Kneipen. Lebensmittel kaufte er wie alle bei Clyde in der Assiniboine Street – den Laden gibt's schon lange nicht mehr – und Seile und Rohre und solche Sachen in Cassidys Futterhandlung, die damals noch eine Eisenwarenabteilung hatte.

Leute wie mein Vater, die immer ein bisschen ein Auge auf

alles hatten, sagten, dass sie ihn im Laufe des Sommers zusehends seltener zu Gesicht bekamen. Ich für meinen Teil kann mich nicht erinnern, ihn häufig gesehen zu haben. Ich war in Esther Matthews verliebt, und vermutlich hatte ich damals kaum Augen für etwas anderes. Aber am Ende des Sommers, im August, war er fort.

Danach, vom Winter 54/55 an, lebte er weiter oben beim Bennett. Den Dodge vermachte er Wilton Haskin, dem das Courtyard gehörte – manche sagen, er tauschte den Wagen gegen Miete oder Werkzeuge oder Mahlzeiten ein, aber wenn das stimmt, dürfte Wilton bei dem Handel besser weggekommen sein. Wilton fuhr den Wagen bis zu seinem Tod im Herbst 1975. Danach fuhr ihn sein Sohn Clarence noch zehn Jahre.

Teal lebte, soweit ich das mitkriegte, nacheinander an zwei kleinen Nebenflüssen des Bennett. Der erste Platz war am Cougar Creek und der zweite am Lesley Creek, den wir damals aus irgendeinem Grund White Dog Creek nannten und den manche Leute, ich auch, heute Teal Creek nennen.

Teal verstand es sehr gut, dort oben allein zurechtzukommen. Er fand Stellen mit heißen Quellen in der Nähe nach Süden liegender Uferterrassen, wo er Licht genug für einen Garten hatte, das heißt, er sah sich das Land genauer an als irgendwer sonst, den ich kannte oder von dem ich je gehört hatte. Selbst betreten habe ich nur die zweite Hütte, die er sich baute, aber die erste muss ganz ähnlich gewesen sein, klein und schlicht. Am zweiten Platz brach und transportierte er eine Menge Steine, eine Heidenarbeit, als solides Fundament für eine Hütte mit nur einer Stube. Und er legte an diesem zweiten Platz eine Art Wasserleitung, eine hölzerne Rinne, in der das Wasser von der heißen Quelle in Fußbodenhöhe floss. Er stellte einen Holzofen hinein und hatte Flusswasser, und er baute eine Veranda, die einen Teil seines Brennholzes und eine Liege überdachte.

In dem Sommer, als er an den Cougar Creek zog, war ich dreizehn. Ich verirrte mich nie zum Jagen oder Herumstreifen oder sonst was in die Gegend. Auch sonst niemand. Zu der Zeit war das ganze Land dort so offen, so menschenleer, dass sich niemand groß um ihn kümmerte. Er tat nichts Widerrechtliches. Das Land gehörte dem Staat. Ein- oder zweimal im Jahr, zu Frühlingsanfang oder im Spätsommer, sahen wir ihn in der Stadt. Er arbeitete ein paar Wochen für Wilton, kaufte bei Clyde Vorräte ein und ließ sich dann von irgendwem zurück zum Bennett River mitnehmen. Von der Straße aus ging er zu Fuß den Cougar Creek hinauf zu seiner Hütte oder später die vier Meilen den White Dog Creek hinauf.

Die Male, wo er aus der Stadt zurücktrampte, nachdem ich meinen Führerschein gemacht hatte, dachte ich daran, mich ihm als Fahrer anzubieten. Er war für mich ein total faszinierender Mensch, verlockend, wie der erste würzige Geruch der Cottonwoodknospen. Er wirkte so unabhängig und freundlich wie der Mond. Aber ich war schüchtern, und mein Vater missbilligte diese Art von Neugier.

1959 zog ich weg aufs College. Die Sommer über arbeitete ich bei meinem Vater, der Tiefbauunternehmer war. Im Sommer vor meinem letzten Studienjahr legten wir Holzfällerstraßen vom und zum Bennett an. Eines Abends auf dem Heimweg vermisste ich meine Brieftasche und wendete den Laster auf halbem Wege, weil ich sicher war, dass sie mir am Bauplatz herausgefallen war. Ich fand sie neben dem Straßenhobel, den ich bei der Arbeit fuhr, auf dem Boden. Inzwischen war es sieben Uhr durch, aber der Himmel war noch hell, und meine Gedanken wanderten zu James Teal. Ohne zu wissen, warum, ohne wirklich wahrzunehmen, was ich tat, fuhr ich an der Brücke über den Lesley Creek rechts ran und überlegte. Ich wollte sehen, wo er wohnte. Ich wollte mit ihm reden. Wo war er her? Was arbeitete er? Hatte er irgendwo eine Familie? Ich fragte mich, ob er ein reiner Weißer war, aber ich wollte mir die vulgäre Neugier nicht eingestehen, die Lust, meine Nase in sein Privatleben zu stecken. Ich hatte mich noch nie mit dem Mann unterhalten. Ich hatte nicht den geringsten Grund, ihn aufzusuchen.

Dennoch ging ich an jenem Abend den Fluss hinauf. Es war

lange genug dämmerig, um noch ein paar Stunden sehen zu können, und für den Rückweg nahm ich eine Taschenlampe mit. Ich ging auf einer Hirschfährte ein kleines Stück im Waldesinnern, einem schmalen, mit Moos und Tannennadeln gepolsterten Pfad. Kein Fremder wäre auf den Gedanken gekommen, dass hier gelegentlich ein Mensch durchkam.

Es war dunkel, als ich endlich die Hütte erblickte. Ich sah, wie ihre Konturen sich zwischen Bäumen gegen den Himmel abzeichneten. Teal stand auf der Veranda und schaute in den Wald, aber nicht in meine Richtung. Im Feuerschein von Kamin oder Kerzen sah ich, dass er ein weißes, in die Hose gestopftes T-Shirt anhatte und dass er barfuß war. Ich duckte mich nieder. Zwei Zwergdrosseln riefen sich zu. Nach einer Weile verstummten sie, und Teal ging hinein. Ich hörte die Tür schließen, den Metallriegel fallen.

Ich kam mir albern vor, und gleichzeitig war mir ein wenig mulmig. Ich hatte mir den weiten Weg gemacht und dann nichts gesagt und mich vor dem Mann versteckt. Ich konnte nicht begreifen, weshalb ich Angst hatte, aber mir wurde so schwindlig, dass ich mich hinsetzen musste. Ich fühlte mich in der Dunkelheit wie in einem Abflussloch. Ich wusste, wenn ich zu der Hütte hingehen und ihn ansprechen würde, wäre mir wieder wohl. Aber ich machte auf der Hirschfährte kehrt. Meine Haut prickelte. Ich lief schnell, in meiner Vorstellung verfolgt von wilden Hunden. Ich verfing mich im Geäst und Brombeerranken. Den ganzen Weg bis zur Straße saß mir die Panik im Nacken.

Am Laster angekommen, beruhigte ich mich. Es war nicht Teal, der mich erschreckt hatte. Die Dunkelheit auch nicht. Was mir Angst machte, war der Gedanke, wie leicht ich ihn hätte verletzen können. In dem Moment wusste ich, was es heißt, einen Übertritt zu begehen.

Im Spätsommer 1967 kehrte ich nach Ordell zurück und arbeitete von da an voll für meinen Vater. Ich hatte eine Frau namens Julie Quiros aus Stuart River geheiratet. Ich hatte vier Jahre in der Armee hinter mich gebracht, keines davon, Gott sei

Dank, in Vietnam, und wir hatten eine Tochter bekommen. Blair. Weil er einer andern Frau verfallen war, hatte der jüngere Bruder meiner Mutter sich und seine Frau aus Verzweiflung erschossen, und meine Eltern hatten ihre drei Kinder, allesamt Mädchen, zu sich genommen. Clyde Brennan hatte seinen Laden dichtgemacht, und ein anderes Geschäft hatte eröffnet.

Genau wie die erste bunt schillernde Kragenente, die ich je gesehen hatte, spukte mir Teal seit jenem Abend immer irgendwo im Hinterkopf herum. Wieder heimgekehrt, fragte ich meinen Vater, ob er ihn in letzter Zeit gesehen habe. Ja, sagte er, Teal sei im August in der Stadt gewesen, habe ein bisschen für Wilton gearbeitet, genau wie immer, dann sei er zurück zu sich nach Hause gegangen – und ob Staatsland oder nicht, es war mittlerweile unzweifelhaft *sein* Zuhause.

Woran mochte er glauben?, fragte ich mich. Wie schaffte er es, sich dort draußen ein ums andere Jahr wohl zu fühlen? Woran er auch glaubte, er behelligte niemanden damit. Wenn er in die Stadt kam, verstand er sich gut mit den Leuten. Ich erinnere mich sogar daran, dass er ein paar Mal mit uns Softball spielte und nicht weniger lachte als alle andern, wenn er leichte Bälle fallen ließ oder seine drei Schläge verpatzte. Hatte er dort draußen ein ordentliches Regal mit Büchern? Und was für Bücher mochten das sein? Tanzte und hockte er versunken im Mondschein?

Obwohl ich als Junge nie hingegangen war, wusste ich, dass es im Bennett Stellen gab, wo man gut schwimmen konnte, und an einem Nachsommertag im September 67 fuhr ich mit Julie und Blair zu so einer Stelle hinter dem Teal Creek. Sie schwammen. Ich konnte mit meinen Gedanken nicht bei ihnen bleiben. Ich spürte meine ungehörige Neugier, das Feige und Zwanghafte daran, und ich wusste, Julie merkte sehr wohl, dass mir etwas durch den Kopf ging.

Ich blickte zu ihr hinüber, auf die weiche, geäderte Linie ihres Halses am Übergang zur Schulter.

»Kennst du diesen Teal?«, fragte ich.

»Den Einsiedler?«

»Kann sein.« Nach einer Weile sagte ich: »Als ich vierzehn war, hat ein Mann namens Ephraim Lincoln uns allen eine Geschichte über Teal erzählt, eines Morgens in der Jagdsaison in Clydes Laden. Er wollte Stellen gesehen haben, wo Teal barfuß im Schnee gegangen war und wo er lange neben einem kleinen Wasserfall gekniet und sich dann hingelegt hatte, nackt. Ich habe den Kopf geschüttelt und mit den älteren Männern mitgelacht, aber alle haben gewusst, dass die Geringschätzung nicht richtig war, dass sie den Falschen traf. Wenn einer schäbig war, dann Ephraim, ein gemeiner Kerl.

Damals ist mir klar geworden, dass ich Teal beschützen wollte. Und dass es mir irgendwie bestimmt ist, etwas von ihm zu bekommen. Ich weiß nur nicht, was.«

Julie legte mir ihre Finger auf den Arm.

Statt den Herbst mit einem Freund am Enid River Hirsche zu jagen, zog ich allein den Bennett hinauf. Ich hatte vor, beim Cougar Creek einzubiegen und einfach umherzustreifen. Falls ich Teals erste Hütte sehen sollte, von mir aus, bitte. Ich würde sie mir anschauen. Ich wusste, ich würde da oben keinen Hirsch schießen, das war klar. Es wäre nicht richtig gewesen, wenn ich diese Sachen vermischt hätte.

Nach ungefähr einer Meile Weg den Cougar Creek hinauf wusste ich, dass ich dort nichts verloren hatte. Mit einem bekannten Gefühl der Furcht und der Schuld kehrte ich um. Nach einem kurzen Stück ging es wieder. Mir kam der Gedanke, dass Teal vielleicht einen Kampf führte, dass er dort draußen mit einem Übel rang, das ich mir gar nicht vorstellen konnte. Die Erkenntnis, dass das sein könnte, beschämte mich. Wo war denn mein Mut, meine Entschlossenheit?

Den Winter fing ich an, Blair abends vorzulesen. Als Erstes kamen Märchen dran, aber am interessantesten fanden wir nach einer Weile Indianergeschichten, wie sie George Bird Grinnell und James Willard Schultz gar nicht so weit weg, in Montana und Wyoming, bei den Cheyenne und Blackfoot und Gros Ventre gesammelt hatten. Anfangs dachte ich, Blair würde sich langweilen. Die Geschichten handelten größtenteils von jungen Männern auf Wanderschaft oder von der Erschaffung der Welt. Doch sie gefielen ihr. Die Geschichten waren einfach, ohne Ironie. Eine entwaffnende Moral sprach aus ihnen, die ich gerne mit ihr erlebte. Wenn eine Geschichte aus war, schloss Julie uns beide in die Arme und sagte: »Und genauso ist die Welt wirklich. Es ist eine wahre Geschichte.« Später, wenn sie zu Bett gegangen waren, saß ich über einigen der Bücher und dachte über die Schöpfung nach, fragte mich, was in Wahrheit verhinderte, dass die Welt zu Bruch ging.

In dem Jahr nach meiner Rückkehr nach Ordell hatte mein Vater einen Herzanfall und bat mich, den Betrieb zu übernehmen. Unser Anwalt setzte den Vertrag auf, und in ein paar Tagen war alles geregelt. Mein Vater hatte fünfzehn Männer, die für ihn arbeiteten. Ich riss mich nicht um die Verantwortung.

Im Frühjahr darauf beschloss ich, Teal aufzusuchen. Eines Morgens stieg ich einfach in den Laster und fuhr den Bennett hinauf. Wenn er mich fragte, warum ich gekommen war, würde ich sagen, ich wüsste es nicht. Irgendwie musste es sein, würde ich sagen. Ich würde keine Ausrede erfinden.

Es regnete, als ich aus dem Haus trat, und als ich schließlich am Teal Creek anlangte, goss es in Strömen. Ich folgte der Hirschfährte direkt bis zur Hütte. Von einer Lichtung vor der Veranda führte ein anderer Pfad zwischen Bäumen hindurch über eine Anhöhe und auf eine baumlose Uferterrasse. Dort im Platzregen, hinter den grünen Reihen eines neu angelegten Gartens, erblickte ich Teal. Vor dem mattgrauen Himmel stand er weit vorgebeugt in einer Haltung, die nach Anbetung aussah, die Arme an die Seiten gelegt. Von dem Regen klebte ihm das Hemd am Rücken, und seine kurzen schwarzen Haare glänzten. In den fünfzehn oder zwanzig Minuten, die ich dort stand, rührte er sich nicht. Und in dieser Zeit erkannte ich, was es war, das ich all die Jahre über in James Teal hatte sehen wollen. Die vollkommene Stille, ein Schweigen, wie ich es noch nie aus einem andern lebenden Wesen gehört hatte, eine ungebrochene

Huld. Er war in die Welt eingelassen, rund und fest wie eine Camas-Knolle im Boden, und darüber ausgespannt wie drei Tage Wetter. Der Wind peitschte auf James Teal nieder. Hinter ihm fingen sich Wolken in den Tannen. Die kurzen Triebe in seinem Garten zwischen uns glänzten frisch. Als ich mich zum Gehen umdrehte, sah die Hütte ganz schmal aus, gedrungen wie ein jagender Reiher.

Als ich in jener Nacht bei Julie lag, schilderte ich die Szene und erzählte ihr die Einzelheiten, die Geschichte meines langen Wunsches, James Teal kennen zu lernen, eines Wunsches, der in dem Moment abgeklungen zu sein schien. Zwei Jahre später, an einem lauen Samstagnachmittag im Mai 1971, verspürte ich wieder den Drang, ihn aufzusuchen, als ob er mich im Traum gerufen hätte. Ich fand ihn zusammengesunken auf einem Stuhl an einem Tisch im Freien, mit den Resten seines Mittagessens vor sich. Spatzen flogen von Krümeln auf dem weißen Porzellanteller auf. Er war erst wenige Stunden tot, wie mir schien.

Ich trug ihn zur Veranda hinüber, legte ihn mit den Armen über der Brust auf den Boden und ging hinein, um nach einer Decke zu schauen. Ich hatte noch nie zuvor einen Raum gesehen, der so offensichtlich bewohnt war, so abgegriffen und abgetreten, so karg wie dieser. Neben dem Bett standen ein Tisch und ein Hocker. Der eiserne Ofen, eine Vorratskiste, ein einziges Brett mit Töpfen und Geschirr und einigen Büchern. An einem der beiden Fenster stand eine Art Kniestuhl, ein Betpult, wie ich mir später sagen ließ.

Ich deckte James Teals Leiche mit einer gelben Decke von seiner Bettstelle zu und marschierte zur Straße. Dort saß ich lange bei offener Tür im Laster und kämpfte mit meinem Widerwillen, die ganze Maschinerie in Gang zu setzen, die den Sheriff und den Coroner und vielleicht noch andere zum Teal Creek bringen würde. Wir lasen damals gerade eine Geschichte – Julie, Blair und ich – davon, wie der erste Mensch sich daran machte, bunte, metallische Libellen, Purpurforellen, Sumpfohreulen, Wapitis und die andern Tiere zu erschaffen. Ich hatte nicht vorgeblättert, wie ich es manchmal mache, aber ich stellte mir vor, am Abend vorzulesen, wie die Tiere die Welt bevölkerten. Ich stellte mir vor, dass uns das froh und dankbar machen würde. Das Vorlesen würde uns ein Gefühl geben, als ob kein Unglück geschehen könnte.

Empiras Bildteppich

Der Herbst, als Empira Larson nach Idora kam, ist uns nicht allein wegen ihrer Ankunft im Gedächtnis geblieben, sondern auch als Höhepunkt einer langen Dürrezeit. Die Winterregen im Jahr davor hatten bei weitem nicht für ausreichende Wasserstände gesorgt. Im folgenden Sommer knisterten die Wälder vor Trockenheit, und die Angst vor Bränden ließ uns keine Ruhe, doch es gab keine. Erst zu Weihnachten stiegen die kleineren Wasserläufe an, und der Fluss wurde voll.

Empira sollte die vierte Klasse unterrichten. Sie logierte die ersten sechs Monate bei mir und zog dann in ein kleines Haus, das reparaturbedürftig und immer feucht war, wo sie aber das ungestörte Eigenleben führen konnte, das Leute wie sie anscheinend brauchen. Ich persönlich hatte den Eindruck, dass hinter ihrem Kommen Probleme mit einem Mann standen, Probleme, die nicht unbedingt von ihm ausgegangen waren. Aber ich fragte nicht nach und hätte es auch nie getan. Sie bewies eine scharfe Zunge, wenn man sie reizte, aber hatte ansonsten ein feines Benehmen und war gut zu den Kindern. Sie schien auf das Leben zu blicken, das vor ihr lag, nicht auf das alte, das sie hinter sich gelassen hatte.

Um die Wahrheit zu sagen war ich anfangs nicht sehr von ihr eingenommen und wusste mit ihrer Freundschaft nichts anzufangen. Nach dem Tod meines Mannes hatte ich eine merkwürdige Abneigung gegen jüngere Frauen, vor allem gegen Frauen wie Empira, die ein unabhängiges Leben führten, die sich frei bewegten und womöglich schon viele Liebhaber gehabt hatten. In Empiras Gegenwart erschien mir mein eigenes Leben armselig. In Gesprächen mit ihr, bei jeder Mahlzeit aufs Neue, erlebte ich eine innere Wut, die ich vorher nie gekannt hatte.

In den Wochen, die sie bei mir wohnte, versuchte ich Empira als verantwortungslos und selbstherrlich zu betrachten; doch es gab nichts in ihr, was ein solches Urteil lange gestützt hätte. Es war reines Selbstmitleid, wie mir später klar wurde. Oder Neid. Als sie auszog, fehlte mir ihre Gesellschaft so sehr, dass es mich fast krank machte. Wie kein anderer Gast je zuvor hatte sie eine Atmosphäre der Spießigkeit aus meinem Haus vertrieben. Sie war frisch wie Blumen. Ein junger Bursche, der kurz bei mir wohnte, begann sich in einer Art und Weise aufzuspielen, der man anmerkte, dass Empira ihm seiner Meinung nach förmlich zu Füßen lag. Eines Abends lud er sie in einem blasierten, gönnerhaften Ton ins Kino ein. Sie sagte: »Mr. Conway, ich gehe sehr gern ins Kino, aber ich fürchte, mit Ihnen wäre mir jeder Film verleidet.« So schroff konnte sie sein, aber Eldon Beemis war der einzige von meinen Dauergästen, der froh war, als sie ging. Jetzt konnte er wieder den Ton angeben und die Gespräche bei Tisch leiten, wie er wollte.

Ein Jahr nach ihrem Auszug saßen Empira, ich, Albert Garreau, dem der Einkaufsladen gehörte, und Deborah Purchase, auch eine Witwe, nach einem Ausflug mit den Schülern zusammen in der Schulkantine. Wir waren beim Pearson Prehistoric Shelter gewesen, einer Höhle über dem Fluss östlich der Stadt. Es war warm. Wir hatten uns kalte Getränke geholt. Mit der wohligen Müdigkeit am Ende eines anstrengenden Tages sinnierten wir darüber, wie lange es her war, dass Menschen die Höhle bewohnt hatten – achttausend Jahre, für uns eine unvorstellbare Spanne. Albert fing an, die Geschichte von Idora zu berichten, die freilich im Vergleich nichtig wirkte. Mir fiel eine Geschichte aus der Zeit meines Großvaters ein – er war 1871 mit der Eisenbahn nach Idora gekommen –, und die führte zur nächsten.

Die Geschichten meines Großvaters von Ohio und den Great Plains und von seinen vielen Fahrten zum Pazifik und zum Golf von Mexiko hatte ich mir gründlich eingeprägt. Die Sprache, die ich gebrauchte, wenn ich sie erzählte, war anders als meine eigene. Sie hatte die selbe Anschaulichkeit und Bestimmtheit wie bei meinem Großvater. Ich ging an jenem Tag völlig in seinen Geschichten auf. Ich redete, bis die Kantine so dunkel war, dass ich die Gesichter der andern nicht mehr deutlich erkennen konnte. Albert, den ich nicht zuletzt deshalb sympathisch fand, weil er jedem so aufmerksam zuhörte, kannte viele der Geschichten schon, die eine nach der andern folgten wie ein unablässiger Strom. Deborah auch. Empira lauschte hingerissen.

Als ich aufhörte, war es mir ein wenig peinlich, dass ich so lange mit solcher Begeisterung geredet hatte. Aber die Geschichten zu erzählen hatte bei mir immer diese Wirkung. Ich konnte sie geradezu körperlich empfinden – Großvaters Beschreibungen von windgepeitschten Grasozeanen in Nebraska, von riesigen Bäumen in den Talgründen Westoregons, von hoch dahinfliegenden Kranichschwärmen. Von menschlicher Begehrlichkeit: »...als Adrian das Weizenmehl kostete, war ein leichter Geschmack von Kapuzinerkresse darin. Er kaufte sämtliche Tüten, die Edward Bonner im Regal hatte.« Wenn ich von diesen Dingen sprach, war es, als lenkte ich ein Kanu durch Stromschnellen und Abschnitte mit ruhigem Wasser, als unternähme ich mit meinen Passagieren eine Fahrt von großer Bedeutung auf einer markierten, aber unbekannten Strecke. Dabei lebte ich in einer Weise auf wie nirgendwo sonst.

Als erst Albert und dann Deborah gegangen waren, lud Empira mich zu sich nach Hause zum Essen ein. Ich sagte, ich könne leider nicht. Ich hatte keine Lust, in ihrer kleinen, dumpfigen Bude zu essen. Ich schämte mich, dass ich so dachte, und als sie mir dann sagte, wie wunderbar und ungewöhnlich und herzerfrischend meine Geschichten seien, schämte ich mich noch mehr. Sie sagte, ich ehre mit ihnen das Andenken meines

Großvaters; sie sagte, ich sei ihre Hüterin, und wenn ich die Geschichten erzähle, sei ich schön.

Meine Augen füllten sich mit Tränen, wie ich da vor ihr saß. Ich konnte nichts dagegen machen.

Empira war eine körperlich aktive Frau und erbot sich bald, bei den Mädchen an der High School Leichtathletik zu geben, obwohl ich nicht glaube, dass sie am Anfang viel davon verstand. Als ich eines Samstagmorgens nach Blue River fahren wollte, sah ich sie auf der Aschenbahn hinter der Schule und fuhr rechts ran, um ihr aus dem Auto zuzusehen. Sie lief Runde um Runde mit hochroten Wangen, wippendem Kopf und kurzen Schritten, die nicht elegant waren, aber von eiserner Ausdauer zeugten. Ihr Glaube an sich selbst beeindruckte mich sehr, so fragwürdig ich ihn gleichzeitig fand.

Es ließ sich nicht sagen, was Empira am meisten am Herzen lag. Nach allem, was ich hörte, war sie eine gute Lehrerin. Ihr Einsatz für die Kinder war echt und unermüdlich. Bücher verschlang sie regelrecht, und sie hörte viel Musik. Sie ging nicht viel Besuche machen, doch sie trug die leidige Last einer allein stehenden Frau in Idora, ohne dass ich ihr etwas Gehemmtes anmerkte. Mehrere Männer in der Stadt, leichtlebige Luftikusse, machten ihr den Hof. Als sie ihnen nicht gab, was sie wollten, versuchten sie es bei der Nächsten. Ich fragte mich, ob Empira überhaupt einen Mann in ihrem Leben haben wollte. Für mein Gefühl wollte sie, und es ärgerte mich, dass sie so tat, als wollte sie nicht. Männer, die neu in der Stadt waren, bekamen zu hören, sie sei »eine überspannte, egoistische Zicke« – das jedenfalls berichtete Albert Garreau, als ich ihn fragte. Es dauerte eine ganze Weile, bis ich begriff, dass es ihr Beharren auf einem Eigenleben und Unabhängigkeit war, was sie ihr übel nahmen.

Im dritten Jahr bei uns erfuhr Empira, dass sie krank war. Sie sprach nie direkt darüber, aber ich erinnere mich, dass sie mir eines Tages ein Buch vorbeibrachte – wir tauschen häufig Krimis aus – und mir gleichzeitig einen Ebenholzstock schenkte. Sie sagte, es sei der Stock eines Geschichtenerzählers, aus Ghana. Der Geschichtenerzähler, sagte sie, zeichne beim Reden damit in den Staub. In meiner Erinnerung war das der Moment, in dem sie mir mitteilte, dass sie bald sterben müsste.

In diesem letzten Jahr – ein langer Sommer, dann der verregnetste Winter, so weit ich zurückdenken kann, ein später Frühling – fing Empira mit einem Bildteppich an. Ich hatte meine Abneigung gegen ihr Haus überwunden, weil ich inzwischen wusste, was dahinter stand, und als ich eines Abends zu ihr zum Essen ging, sah ich den Webstuhl auf der Seitenveranda stehen. Darauf war die erstaunlichste Handarbeit, die ich je gesehen hatte. Mit einem Mal überkam mich die Einsicht, dass Empira auf eine mir kaum fassbare Art begabt war. Trotz ihrer normalerweise korrekten Umgangsformen stieß Empira mitunter Leute bewusst vor den Kopf, wenn sie sie als selbstgefällig empfand – und sie konnte hochfahrend sein. In meiner Engstirnigkeit, muss ich gestehen, freuten mich die paar kleinen Spitzen und Anfeindungen, die sie deswegen einstecken musste. Ich fand, sie wurde dadurch in ihre Grenzen gewiesen. Aber als ich vor diesem Bildteppich stand, wurde mir flau im Magen. Ich sah sie von da an mit andern Augen.

Beim ersten Anschauen dachte ich, es müsse ein Gemälde sein, so fein gewoben war er. Erst mit der Brille konnte ich die einzelnen Fäden unterscheiden und, was noch verblüffender war, die Farbübergänge. Hundert Garnspulen, die auf einem Brett steckten, boten das ganze Farbspektrum von Pflaumenblau über Safrangelb bis Rubinrot, mit Dutzenden von Blau- und Grünschattierungen und Brauntönen.

Der Teppich war erst zu einem Viertel fertig, nur der linke Rand und der größte Teil der linken oberen Ecke. Er sollte ungefähr 150 mal 90 Zentimeter groß werden und eine wilde Landschaft darstellen, helles Sonnenlicht über einem Canyon. Über den Schatten von Bäumen im Vordergrund links waren ein paar Worte eingenäht.

»Empira«, flüsterte ich und hob staunend, geradezu hilflos die Hände.

»Als ich klein war«, sagte sie, »fuhren meine Eltern mit meinen Brüdern und mir zum Grand Canyon. Man kann diese Weite über dem Canyon tatsächlich sehen, wissen Sie. Ich habe nie vergessen, wie mächtig breit er war, wie zart die Farben der Felsen und des Himmels und der Bäume darin schimmerten. Ich wollte diese Weite erfüllen, mich darin bewegen wie ein Vogel, so leicht, steigen und fallen, weit geschwungene Spiralen fliegen, oben vom Rand bis zu einem Felsabsatz ganz weit unten.«

»Was sind das für Worte hier, was sollen sie heißen?«

»Das habe ich am ersten Morgen nach meiner Hochzeit geschrieben. Diese Sätze drücken meinen größten Wunsch aus, die reinste Hoffnung, die ich, glaube ich, je niedergeschrieben habe.«

Ich wartete, dass sie weiterredete.

»Ich bereue die Gefühle nicht, kein einziges Wort«, sagte sie und verwies mir damit meine Zudringlichkeit.

»Empira, wenn Sie so gut weben können, ich meine, mit einer solchen Kunstfertigkeit, die so absolut ...«

»Es kommt auf jeden einzelnen Faden an, Marlis, wie man Faden für Faden abwickelt. Man zieht sie von den Spulen, hält sie ans Licht, fühlt ihre Spannung, wie Geigensaiten, bevor sie in das Muster eingehen.«

»Aber es ist so wunderschön. Und, mein Gott, so naturgetreu. Sie haben Ihr Licht unter den Scheffel gestellt.«

»Wir ahnen so wenig von dem, was alles in der Welt vorgeht, was uns geschieht oder geschehen ist. Wir bringen die Fäden nicht zusammen, Marlis. Wir lassen sie los, und dann webt sie der Wind. Wir lassen los und treiben ab. Wir bleiben irgendwo im Fluss hängen, die meisten von uns, und warten einfach, bis unsere Zeit um ist.«

Als in dem Jahr die Sommerferien kamen, sahen wir, dass Empira mit den Kräften am Ende war, und wussten, dass sie krank war. Aber keiner von uns aus dem Kreis ihrer Freunde – Albert, Deborah, Ellie Randall, die Direktorin, Dick Everson, ihr Kollege, oder Grady und Maureen Sillings, meine unmittelbaren Nachbarn –, keiner von uns fühlte sich befugt, es zur Sprache zu bringen. Sie hatte ganz bewusst niemanden in ihr Leben eingeweiht, und dies war nun sein letzter Teil.

In dem Sommer besuchte sie sämtliche Kinder, die sie unterrichtet hatte – sofern sie noch in der Nähe wohnten –, und schenkte einigen Bücher und Schmuck. Als der Herbst kam, hatte sie nicht mehr die Kraft, Unterricht zu geben, und Ellie bat sie, zu Hause zu bleiben. Empira besuchte mich regelmäßig, und manchmal brachte sie Blumen mit. Sie ermunterte mich, meine Geschichten zu erzählen, und hörte dann mit großem Vergnügen zu. Sie alterte in diesen Wochen, körperlich, aber innerlich wurde sie ruhiger, und wenn sie zu mir von ihrer Vergangenheit sprach, hörte ich weder Selbstmitleid noch Vorwürfe. Da merkte ich, dass ich sie gern hatte.

Sie webte den Bildteppich fertig, sagte es mir aber nicht. Ich sah ihn eines Morgens in ihrem Haus, noch auf dem Webstuhl. Die vollendete Szene war leuchtend, strahlte nachgerade. Die Luft, die im Canyon hing, war hell und tiefenlos, doch sie besaß die blasse Farbe, die sie beschrieben hatte. Die Worte waren unauffällig. Als ich mich bückte, um sie zu lesen, erfasste mich eine große Traurigkeit. »Mein heiliger und heißer Wunsch... auch wenn ein solches Leben utopisch sein kann... als seine Hände über meinen Rücken strichen, seine Lippen den Rand meines Ohrs... mit meinen Kindern herkommen, dass sie sehen, was mir geschenkt...«

Es regnete den ganzen Oktober ohne Unterbrechung, nicht das endlose Geniesel mit Nebel, das wir gewohnt sind, sondern Wolkenbrüche, die die Luft überschwemmten und über den Boden strömten, Tag und Nacht. Eines Abends stand Empira bei mir vor der Tür, und als ich aufmachte, sagte sie: »Machen Sie heute Abend einen Gang mit mir, Ms. Damien?«

Ich sagte Ja, natürlich. Wir gingen durch den Regen, Straßen hinunter, die von Häusern auf den Hügeln zu Geschäften an der Fernstraße und am Park führten, dann zum Fluss. Ihre Schritte waren kurz, ihr Tritt fest. Sie redete unterwegs, wie ihre Kräfte es zuließen.

»Sie haben ein gutes Gedächtnis, Marlis«, fing sie an. »Vielleicht tun Sie mir die Liebe, sich alles zu merken, was ich Ihnen jetzt sage.« Ich fürchtete schon, sie würde über das Leben philosophieren, doch stattdessen führte sie konkrete Dinge in ihrem Haus auf und gab an, wer jedes Einzelne erhalten sollte. Eine Garnitur ausgefranster Tischsets, einen Rohamethysten in seiner Druse, eine Steubenvase, eine Schachtel mit Kolibrifedern. Einige der Beschenkten, die sie bestimmte, überraschten mich.

Wir überquerten die Fernstraße und gingen durch den Park. Im schwachen Schein der Straßenlaternen war zu sehen, dass der trübe Fluss mächtig wogte. Empira lenkte die Schritte zu einer Stelle, wo er bis hart an die Uferkante reichte. Ich begriff ihre Absicht im selben Moment, in dem sie mit der Hand eine sich lösende Geste machte. Ich ließ es zu, gegen meine Überzeugung. Sie ließ ihren Mantel zu Boden fallen, zog ein Schultertuch fester um sich, stieg aus den Schuhen und trat an den Rand des Flusses. Ein kurzes Atemholen, dann sank sie nieder und legte sich auf die Seite. Ich konnte nicht sagen, ob sie sich bewegte oder ob der Fluss aufwallte, aber das Wasser stieg an ihr hoch und umfing sie, und sie war fort. Zuletzt kräuselte sich ihr Kleid im Griff der Strömung, und ich sah, dass das Schultertuch ihr umgedrehter Bildteppich war.

Sie war rasch verschwunden, als ob nichts geschehen wäre, als ob ich immer noch ihrer Stimme auf den Hügelstraßen lauschte.

Zwei Tage später kam ihre Leiche viele Meilen weiter in einem Flutwinkel an die Oberfläche. Ich fand die Adresse ihrer Familie, eine Kleinstadt in Ostpennsylvania. Ihre Mutter meinte, es gebe keinen Grund, sie zu überführen, nicht über diese Entfernung für so viel Geld. Ob wir sie bitte dort beerdigen könnten?, fragte sie. Wir beerdigten sie, am besten Platz, den Ellie, Albert und ich auf dem Friedhof von Idora finden konnten. Pfarrer Arthur Thorven hielt eine eilige Andacht ab, empört über eine sündige Verzweiflungstat, wie er meinte, eine Kapitulation vor der Mutlosigkeit. Für die meisten Kinder war es das erste Begräbnis. Sie schauten zu, eingeschüchtert, verstört, ungläubig. Einige der Leute, die dabeistanden, hatten vielleicht den gleichen Gedanken wie Eldon Beemis beim Frühstück an jenem Morgen, als er die Zeitung aufschlug, während ich das Geschirr abräumte.

»Hier steht, Empira hatte Krebs. Ich denke mal, letztlich wird ihr Mauerblümchendasein schuld gewesen sein. Dass sie sich umgebracht hat.«

Ich fühlte in dem Moment schmerzlich die Armseligkeit meiner Freundschaft.

Das freie Grundstück

Jane Weddell ging abwechselnd eine von mehreren Strecken von ihrer Wohnung in der West 64th Street zum Museum in der West 77th. Bestimmend für ihren Weg war ein nie vorhersehbares Zusammentreffen verschiedener Umstände, er ergab sich nicht allein aus ihrem Gemütszustand, sondern auch aus ihrem unbewussten Wunsch, etwa dem Wind auszuweichen, der an dem Morgen, wo sie zum ersten Mal eine neue Bluse anhatte, schwarzen Straßenstaub die Columbus Avenue hinunterwehte. Oder sie folgte dem Zufall und ließ sich von Taubenschwärmen einen Weg vorgeben, der sie vielleicht auf der 73rd Street nach Osten an den Park führte statt auf der 75th oder 68th.

Der Wechsel ihrer Routen von einem Tag zum andern gab ihr eine Ahnung von der Riesenhaftigkeit, in der sie lebte; sie war sich nicht nur des Äußeren jeder Straße bewusst, sondern gleichzeitig auch der Tunnel darunter, durch die Wasserleitungen und Baumwurzeln liefen, ähnlich den verschlungenen Gängen von Taschenratten. Und über ihr, wusste sie, ohne hinschauen zu müssen, türmten sich Schichten um Schichten menschlichen Lebens, die Freude und Wut und Neugier von Wesen wie sie selbst.

Sie kam auf dem einen oder andern ihrer Fußwege – sie stellte sie sich, wenn sie nachts wach lag, als ein Kapillarsystem vor, ein feines Flechtwerk über dem Asphalt, dem Teer und dem Stein – in einem Zimmer im ersten Stock des Museum of Natural History an, einem gewölbten, gut beleuchteten Raum, in dem sie sechs oder sieben Stunden am Tag Fossilien von Meeresorganismen aus dem Kambrium und der präkambrischen Zeit präparierte. Sie hatte die Gabe, in den Gesteinsbrocken, die man ihr vorlegte, Linien von solcher Feinheit zu entdecken, dass niemand, der ihre Exzisionen betrachtete, ganz glauben konnte, was sie geleistet hatte. Unter der extrem scharfen Linse eines Mikroskops entfernte sie – erst mit der rechten Hand und dann, wenn die Muskeln erlahmten, mit der linken arbeitend – Lehm, Sand und Schlick, Körnchen für Körnchen, die Augen auf unbeschreiblich dubiose Anhaltspunkte fixiert. Wenn sie am Ende das fertige Stück präsentierte, sah man in Stein ein Wesen von solcher Vollkommenheit, bis hin zur Hauchzartheit der Fühler, dass es fast an ein lebendes herankam.

Aus einem wirren Durcheinander von Geschöpfen, die im frühen Paläozoikum gelebt hatten, löste sie Tier für Tier heraus und überließ es andern, darüber zu spekulieren. Und ausgehend von diesen Geschöpfen konstruierten die Systematiker Namensgerüste, eine unsichere Litanei; es war kaum zu glauben, dass an Dingen, die trotz ihrer Stummheit so prägnant waren, derart blutleere Namen haften blieben. Sicher war jedenfalls, dass Jane Weddell aus einem Stück Stein, in dem *vielleicht* etwas steckte – einfach nach der Brechung des Lichts an der Oberfläche zu urteilen –, ein Tier herausholte, das wild war wie nächtliches Treiben im Moor.

Der Schatten auf Jane Weddells Leben kam nicht vom Alleinleben – daraus zog sie vielmehr einen Frieden, den sie genoss wie frisches Wasser –, auch nicht daher, dass sie ihrer großen Begabung wegen von Leuten gelobhudelt wurde, die ihre Gesellschaft mieden. Was den Schatten warf, war die Ordnung eines Lebens, das für die Begriffe ihrer Kollegen letztlich ins Leere lief. Niemand, vielleicht niemand auf der Welt, konnte die rätselhaften ersten Lebensspuren auf Erden so deutlich zum Vorschein bringen wie sie. Doch in den Augen der andern bewegte sie sich, wenn sie über Fossilien sprach, theorielos außerhalb aller orthodoxen Lehrmeinungen. Sie wich von anerkannten geologischen Periodisierungen ab und machte es so den Leuten schwer, sich über den Wert ihrer Gedanken zu verständigen. Viele versuchten zu begründen, was sie tat, aber weil sie keine der Theorien zur Untermauerung ihrer Gedanken selber vertrat oder verteidigte, wurde sie letzten Endes als bloße Technikerin angesehen. Das durchgehende Motiv ihrer Arbeit, das, was sie zur nächsten Aufgabe hintrieb und von dort zur nächsten, war die Freude an der Enthüllung. Für sie gab es nichts Schöneres im Leben als zu enthüllen und zu schauen.

Was Jane Weddell fertig stellte wurde feierlich aus ihrem Arbeitszimmer getragen, als handelte es sich um brüchige Papyrusrollen aus der 4. Dynastie. In den Nebenzimmern wurde jedes Wesen fotografiert, mit einer technischen Beschreibung versehen, die sie mitlieferte, inventarisiert und in einen Glasschrank gestellt. Häufig wurden ihre minuziösen Beschreibungen der Aufmerksamkeit eines von mehreren Forschern empfohlen, die aus dieser exotischen Menagerie eine Ökologie urzeitlicher Meeresböden zu erschließen suchten. Jane Weddells Gedächtnis für jedes einzelne Fossil war scharf und untrüglich, und sie verstand, wie die Details in diesem verästelten und verflochtenen Figurenspektrum über allerfeinste Gestaltmerkmale miteinander verwandt waren – aber sie wurde selten zu Rate gezogen. Systematiker konnten wochenlang grübelnd an ihren Computerbildschirmen nach ökologischen Zusammenhängen suchen, die Jane Weddell sofort hätte aufzeigen können, wenn sie ihr mitgeteilt hätten, nach welchen Kriterien sie alles – selbst diese versprengtesten Formen frühen Lebens – unter einen Hut zu bringen hofften.

Sie hörte höflich zu, wenn man in sie drang, sich auf die Ausarbeitung taxonomischer Reihen zu konzentrieren oder etwa eine Zeit lang beim mittleren Silur zu bleiben; aber sie tat es nicht. Stattdessen hoffte sie, jemand würde sie nach dem Unterschied zwischen zwei Trilobiten derselben Spezies fragen, von denen sie einen mit der Musik von Bach im Ohr freigelegt hatte, den anderen mit Haydn. Sie wollte sagen, dass es da Unterschiede gab; für sie war die Exaktheit, die die Systematiker in ihren Genealogien anstrebten, selbst mit einer Grundlage, die so vorzüglich war wie die von ihr gelieferte, ein Phantom, eine Verirrung.

Auf einem leeren Grundstück in der West 75th Street, wo man das Gebäude abgerissen hatte und wo jetzt nur noch Unkraut, Wildgräser und Götterbäume wuchsen, sah Jane Weddell hin und wieder Phantome. Es waren Dinge am Rand des Gesichtsfeldes, nicht direkt erblickt, sondern nur aus den Augenwinkeln erhascht, ein einzelner Vogel etwa, der hoch droben zwischen zwei Gebäuden verschwand. Das Vorhandensein des Grundstücks übte einen Druck auf sie aus, wie ein Wind, der unmerklich, aber stetig stärker wird.

Das Grundstück war durch einen torlosen Maschendrahtzaun vom Bürgersteig abgetrennt und im Osten und Westen von fensterlosen Backsteinmauern überragt. Nach Norden zu war es von einem hohen, grauen Bretterzaun abgesperrt. Ein Götterbaum in der äußersten westlichen Ecke beschattete eine Fläche von etwa fünfzig Quadratmeter. Im Frühling wuchs das Gras hüfthoch, und zwischen den stehenden und kriechenden Unkräutern blühten violette Astern, kleine weiße feinstrahlige Staudenastern und gelber Huflattich. Im Winter fiel das Grundstück ins Koma, und ein Boden aus Ziegelbruch und Zementstaub kam an den Tag, auf dem Glasscherben neben Streichholzheftchen und Aluminiumdosen glitzerten und sich Regentropfen an Zigarettenschachteln zu Perlenbändern reihten.

Jane Weddell fand das Grundstück verlockend. Eines Abends, als sie spät vom Museum nach Hause ging, sah sie ein kleines Tier durch den Zaun und unter ein geparktes Auto laufen. Viele Minuten lang blickte sie regungslos darauf; dann zog eine Bewegung am Rand eines Abfalleimers einen halben Häuserblock weiter ihren Blick auf sich. Es war dasselbe Tier, das gerade irgendein Stück Müll fallen ließ und wieder in den Schatten zurückhuschte.

Es störte Jane Weddels Harmonie- und Gerechtigkeitsempfinden, sich zu einem Ort stärker hingezogen zu fühlen als zu einem andern; sie widerstand dem Wunsch, häufiger an dem Grundstück vorbeizugehen, nachdem es einmal angefangen hatte, sie bewusst zu beschäftigen. Doch wenn sie sich ihm jetzt näherte, wurden ihre Sinne schärfer, bereit, das leiseste Signal aufzufangen, und ihre auf nichts Konkretes gerichtete Aufmerksamkeit verstärkte sich. Sie registrierte den Himmel, das Zittern der Straße unter ihren Füßen, das Brausen und Plustern der kräftigen Äste einer ahornblättrigen Platane in der Nähe. Um das Grundstück deutlich wahrzunehmen, glaubte sie, musste sie ein Empfinden für das ganze Beziehungsgeflecht gewinnen, von dem es ein Teil war, und sogar vorbeifahrende Autos, den Geruch von Mülltonnen, das Kreischen von Schulkindern einbeziehen.

Das Grundstück veränderte sich langsam. Die Frühlingswochen über und während die Sommergräser kräftig in die Höhe schossen, geschah es, dass zerbrochene Rohre, ein Stück Leitungskabel, Kaffeedosen, Fetzen Gummiplane, ein Streifen Isoliermaterial – dass all das verschwand. Wenn Jane Weddell jetzt ihre Augen an den Zaun presste und zwischen die blühenden Unkräuter lugte, sah sie lehmdunkle Erde.

Cabot Gunther klopfte scharf an das Milchglas von Jane Weddells Zimmertür, ein Ton, der kundtat, er werde jetzt eintreten, nicht fragte, ob er dürfe.

»Jane – fleißig wie immer, die Vollkommenheit selbst.«

Sie blickte ihn lächelnd an, wortlos, ohne ihm hilfreich entgegenzukommen. Er trat dicht heran und beugte sich über ihren Körper, um zu sehen, woran sie arbeitete.

»Von der Ediacara-Fauna, stimmt's?«

»Ja. Bemerkenswerte Stücke, nicht?«, antwortete sie und setzte ihre Augen wieder ans Mikroskop.

»Jane, ich habe Ihnen eine schwierige Mitteilung zu machen. Deshalb bin ich auch zu Ihnen heruntergekommen, statt Sie zu mir zu bitten.«

Sie wandte sich ihm zu. Er fand ihre Gelassenheit provozierend.

»Der Vorstand hat gestern Abend getagt, um den Haushalt zu debattieren. Ihre Stelle bleibt, dafür habe ich gesorgt, aber insgesamt besteht der Eindruck, dass dieses Gebiet«, dabei deutete er auf den vor ihr liegenden Stein, »zusehends weniger hergibt, im Vergleich zu andern. Unterm Strich kann man sagen, dass Sie genug Material für uns erarbeitet haben. Und da Sie letztlich auf Anweisung anderer handeln – auf welche Perioden Sie sich konzentrieren, worauf Sie Acht geben sollen und so weiter – und selbst nichts veröffentlichen, hofft der Vorstand auf Ihr Verständnis, dass wir Ihre Arbeitszeit auf vier Tage die Woche kürzen müssen. Selbstverständlich können Sie nach wie vor kommen, wann Sie wollen – und dies wird weiterhin Ihr Büro sein und das von niemand anderem –, aber ich kann Sie jetzt nur noch vier Tage die Woche bezahlen. Umgerechnet wäre das Ihr normales Jahresgehalt abzüglich zwei Monate.«

Sie fuhr sich mit den Fingerspitzen leicht über die Lippen, sagte aber nichts.

»Es tut mir Leid. Sie wissen, wie es ist, Jane, das Geld fließt dahin, wo etwas neu ist, brisant. Wir hatten das Thema früher schon. Sie könnten sich quasi selbst befördern, wenn Sie etwas veröffentlichen würden, etwas anderes schreiben als bloß Merkzettel, detaillierte Beschreibungen, wenn Sie sich mit der wirklichen Bedeutung dieser Sachen auseinander setzen wollten, uns Phylogenesen und Ökologien liefern würden.«

»Wäre es möglich ...«

»Die Zusatzleistungen? Das Sozialpaket, Rente und so? Unverändert.«

»Hätten Sie etwas dagegen, wenn ich weiterarbeiten würde wie bisher, aber zwei Monate unbezahlten Urlaub nähme?«

»Nein, das geht nicht. Ich muss *jedes* Monatsgehalt um zwanzig Prozent kürzen. Sie würden praktisch zwei Monate freinehmen, bei achtzig Prozent der Bezüge. Das würde nach zu viel *bezahltem* Urlaub aussehen.«

Sie faltete ihre Hände unterm Kinn und nickte höflich, aber bitter.
»Schmollen Sie nicht, Jane. Das steht Ihnen nicht«, sagte er.
»Ich schmolle nicht, Cabe. Ich rechne ein wenig. Einen kleinen Moment noch, dann habe ich mich zurechtgefunden.« Sie lächelte ihn an. »Danke.«
»Teilen Sie sich Ihre Woche ein, wie Sie wollen. Ich ändere die Gehaltssumme, Sie können die Stunden bestimmen, die Urlaubszeit, ganz nach Belieben.«
Mit einem kurzen Nicken zur Bekräftigung ihres Einvernehmens trat er rückwärts zur Tür hinaus und zog diese leise zu.

Später im selben Sommer fing Jane Weddell an, ein Merkbuch über das Grundstück zu führen. Sie arbeitete Abend für Abend, kramte alles aus ihrem Gedächtnis hervor, was sich darin über den Ort angesammelt hatte, seit sie ihn eines Nachmittags zwei Jahre zuvor, wenige Wochen nach dem Abriss des Gebäudes, zum ersten Mal gesehen hatte. Je mehr sie ihr Gedächtnis forderte, umso mehr gab es her. Nach dem ersten Merkbuch von zweihundert Seiten kam ein zweites, und langsam las sie an ihren Aufzeichnungen eine Tendenz zur Wiederherstellung ab, zu neu entstehenden Zusammenhängen. Sie bekam die graduelle Veränderung auf verblüffende Weise bestätigt, als sie eines Morgens einen Schwarzbären auf dem Grundstück stehen sah. Sie konnte nicht ausmachen, ob es sich um ein männliches oder weibliches Tier handelte. Es stand seitlich zu ihr im hohen Gras und zerkaute eine weiße Knolle. Es hob witternd den Kopf, oder vielleicht war es auch nur vom Gras am Kinn gekitzelt worden. Sie beobachtete den Bären, bis er auf den grauen Zaun an der Rückseite zutrottete und dort hindurchzugehen schien.
  Zum ersten Mal beschloss Jane Weddell, ihren Streckenwechsel beim Gang zum Museum und zurück aufzugeben, obwohl ihr klar war, dass sie ihr Gefühl für bestimmte Straßen verlieren würde, wenn sie diese nicht mehr regelmäßig ginge. Sie wollte mehr über das freie Grundstück wissen. Es war für

sie ein Ort, wie sie ihn gesucht hatte, eine endlich getroffene Wahl, bei der sie sich unmittelbar wohl fühlte. Das Grundstück wurde eine Art Lebensbegleiter, wie die Freunde, mit denen sie zum Essen ging. Sie drängte sich ihm nicht auf, so wenig wie sie sich ihren Freunden aufdrängte. Nur hin und wieder blieb sie vor dem Grundstück stehen und starrte lange Minuten in sein Licht und seine Schatten. Im Frühherbst sah sie ein Rudel Hirsche, vier weibliche Tiere, die vor sich hin grasten und keine Notiz von ihr zu nehmen schienen. Am selben Morgen bemerkte sie erst, als sie sich zum Gehen wandte, einen zuckenden Schwanz, einen braunen Puma, ins braune Gras geduckt.

Es wurde Winter, aber die Gräser und Wildblumen auf dem Grundstück starben nicht ab wie im Winter davor. Jedes Mal, wenn Jane Weddell vorbeiging, sah sie Tiere. Selbst an den scheußlichsten Tagen, wenn der Wind ihr eine Wand trockener, kalter Luft entgegentrieb oder wenn es graupelte, sah sie Füchse springen. Meisenschwärme. Manchmal bildete sie sich ein, in der Ferne einen Fluss zu hören. Andere Male sah sie Vögel darüber hinziehen, durch die Häuser hindurch. Das Grundstück beglückte sie, und sie grübelte darüber nach, wie sie das Glück vergelten konnte.

Als der Winter am eisernsten war, im Januar, flog sie mit den Kindern ihrer Schwester nach Aruba. Als sie zurückkam, sah sie sofort, kaum dass sie um die Ecke der 75th Street gebogen war, dass es fort war.

Sie ging langsam die Straße hinauf und fragte sich, warum sie nichts getan hatte, irgendetwas, egal was. Ein überdachter Fußgängerweg war auf dem Bürgersteig zusammengenagelt worden. In den Drahtzaun waren jetzt Metallstreifen eingezogen. Sie spähte durch einen Spalt, wo ein Zaunpfahl an das Nachbarhaus stieß. Das Grundstück gab es nicht mehr. Eine tiefe Baugrube blickte sie an, aus deren Erdwänden verbogene Drähte und Rohre ragten. Frische Ziegel saßen quadratisch gestapelt auf Paletten. Zwei Krankübel lagen umgekippt auf dem Boden, halb voll mit Schutt und Unrat.

Jane Weddell trat in die Mitte des Zauns an zwei schiefe Sperrholztüren mit einem Vorhängeschloss davor und sah zwischen ihren Kanten zehn oder zwölf Tauben, die aus Regenpfützen in der Grube tranken. Zwei Arbeiter kamen in einem rot-silbernen Pick-up angefahren. Einer musterte sie vorwurfsvoll, warnend, als ob sie eine Diebin wäre. Sie ging. Auf dem Weg zum Museum fiel ihr ein Kasten mit Proben ein, die sie sich vor Jahren zur Seite gelegt hatte, Steine, deren Fossilhaltigkeit so zweifelhaft war, dass nicht einmal sie sich sicher war, ob sich aus ihnen etwas gewinnen ließ. Ein Großteil der Fauna, die es zwischen der Ediacara-Fauna im Präkambrium und den ersten hartschaligen Lebewesen der kambrischen Meere auf Erden gegeben hatte, war zu weich gewesen, um Spuren zu hinterlassen. Diese Steine, das wusste sie, hatten das richtige Alter, um Einschlüsse dieser kleinen Tiere zu enthalten, und wenn welche darin waren, sagte sie sich, während sie die Stufen zu ihrem Arbeitszimmer hochstieg, würde sie sie herausholen, sie finden. Mehr als alles andere wollte sie diese Geister aus ihren Gräbern rufen, sie hart und funkelnd wie Diamanten vor den Fenstern des Zimmers aufreihen, im Licht der Sonnenstrahlen, die auf die Stadt fielen und die dicken Granitmauern ringsherum durchdrangen.

Gespräch

Es darf nicht publik werden, dass ich hergekommen bin. Oder dass wir hierüber geredet haben. Das ist strikt unter vier Augen, Essie. Aus alter Freundschaft, verstehst du? Ich muss in dieser Sache auch an meine Karriere denken.«

»Deine Karriere ist dabei nicht in Gefahr, nicht so, wie du denkst. Außerdem liegt deine wahre Karriere in der Politik, nicht in der Leitung der Naturschutzbehörde. Ich möchte dich um etwas ganz Einfaches bitten. Lass deine Seele in dieser Sache sprechen, Lewis. Besinn dich auf deine Seele, und dann sag mir, wie es aussieht.«

»Hör mir auf mit diesen Uniphrasen.«

»Ethik? Empfinden für das Schöne? Hast du das alles mit ein paar Aufsätzen in O'Rourkes Seminar erledigt und hinter dir gelassen?«

»Essie, wir reden hier über die Kunst des Möglichen, wir reden über Politik. Die Realität.«

»Tut mir Leid. Das vergesse ich immer wieder. Wenn du erst einmal in der Mühle drin bist, reduziert sich Sprache auf den einen oder andern Parteijargon.«

»Was soll das heißen?«

»Das soll heißen, sprich als mein Freund mit mir, nicht wie einer, der sich von Gerüchten verrückt machen lässt. Wie einer, der weiß, dass Wahrheit und Integrität *auch* zur Kunst des Möglichen gehören. Kannst du dich an den noch erinnern?«

»Was willst du von mir?«

»Ich will, dass du in dieser Sache Stellung beziehst wie ein Mann.«

»Ach, ich verhalte mich nicht wie ein Mann?«

»Nein, verdammt noch mal, Lewis, das tust du nicht! Du hast jeden Familiensinn verloren. Du bist nur noch auf deine Position bedacht, deine persönliche Befriedigung.«

»Moment mal! Willst du damit etwa auf Carol anspielen? Carol Gleason... Das ist *längst* aus und vorbei.«

»Oh, Lew. Wach auf! Mir geht es nicht um Treue im Bett, es geht darum, dass du zwanghaft nur noch an deine *Position* denkst. ›Kann ich mich mit der sehen lassen?‹ ›Kann der mir schaden?‹ ›Rentiert sich das für mich?‹ Du hast es weit gebracht, Lewis – weißt du nicht mehr, was du vor Jahren über Integrität gesagt hast. Dass du die Wähler vertreten willst, nicht bloß deine Karriereinteressen?«

»Ich vertrete die Ansichten der amerikanischen Wähler sehr gut. Unbedingt. Schau dir die Umfragen an.«

»Entertainer kümmern sich um Umfragen, Lew. Filmproduzenten. Ist *das* deine Politik?«

»Essie, ich respektiere deinen Standpunkt. Wir kommen so nicht weiter.«

»Und was *ist* mein Standpunkt?«

»Du willst, dass ich eigenmächtig vorpresche und den Königsbussard in den USA für bedroht erkläre.«

»Nicht ganz. Was ich von dir will, hat genauso viel mit unserer Freundschaft zu tun wie mit der Bedrohung dieses Vogels. Ich will, dass du die Berichte einmal wirklich *liest* und dass du dann aufstehst und dir sagst: ›Ich habe als Abgeordneter des 39. Wahlbezirks in Jefferson City, Missouri, nicht die ganzen Hände geschüttelt, die ganzen Versprechungen gemacht und mich zum Sprecher des Repräsentantenhauses hochgearbeitet, ich habe nicht die ganzen Jahre in langweiligen Ausschüssen gesessen und Wahlreden für meine Partei geschwungen, ich habe mich *nicht* nach vier Jahren als Justizminister des Staates Missouri vom Präsidenten zum Vorsitzenden der Naturschutzbehörde ernennen lassen, um einen Haufen Berichte zu lesen, die so unzweifelhaft, wie es nur geht, beweisen, dass der Königsbussard in den USA praktisch ausgerottet, aus der Biologie *gestrichen* ist, und mich dann hinzustellen und zu sagen: Meine Damen und Herren, ich werde nicht zulassen, dass irgendein Lebewesen, ob groß oder klein, schön oder hässlich, das unter meine Verantwortung fällt, auch nur einem *einzigen* Arbeitsplatz im Weg steht. Ich werde nicht zögern, das biologische Erbe dieses Landes zu verschleudern, wenn es darum geht sicherzustellen, dass kein Arbeitsplatz, egal wie korrupt, zerstörerisch, überlebt, umweltbelastend, größenwahnsinnig oder aufreibend, gefährdet wird. Nein, ich bin nicht diesen ganzen Weg gegangen, um das zu sagen. Was ich sagen will, ist dies: Hier ist mein Rubikon! Bis hierher und nicht weiter! In diesem Punkt werde ich nicht wanken und nicht weichen.«

»Sehr rührend, Essie. Wirklich. Aber die amerikanischen Bürger wollen das nicht hören.«

»Sie wären so begeistert, dass es dich vom Stuhl hauen würde.«

»Unsere Umfragen – pardon, tut mir Leid, aber Umfragen sind ein handfestes politisches Faktum, und sie zeigen nichts dergleichen.«

»Das würden sie aber, wenn eure Fragen nicht so geschickt an den Egoismus und die Angst der Leute appellieren würden.«

»Ich weiß, die Leute sind dagegen – Wald für Wald stirbt, Tier für Tier. Mir passt es auch nicht – aber das Land besteht noch aus was anderm als bloß *Biologie*.«

»Genau das ist der Irrsinn, Lew. Du kannst Computerausdrucke nicht *essen*. Du kannst Wirtschaftswachstum nicht *atmen*. Ein Tier ist keine ›Systemkomponente‹, so wenig wie ein Wähler eine ist. *Das* ist schon eher das Problem.«

»Der Minister will schlicht nichts davon wissen.«

»Da haben wir's: Nach dreiundzwanzig Jahren ist dein Kompromiss mit der Mittelmäßigkeit nahezu perfekt.«

»Ich habe keinerlei Klagen gehört.«

»In den Kreisen, in denen du dich bewegst, wirst du auch schwerlich ein kritisches Wort zu hören bekommen. Auch das ist die Kunst der Politik.«

»Essie, bitte. Ich würde dir gern den Gefallen tun. Ehrlich. Ich weiß, es ist eine gute Sache. Aber der Zeitpunkt ist nicht richtig. In vier Monaten sind Wahlen. Die müssen wir erst hinter uns haben. Bis dahin kann ich die Entscheidung aufschieben.«

»Du willst sagen, du hast nicht den Mut.«

»Nein. Ich will sagen, dass ich *deswegen* auf eine stolze Reihe guter Entscheidungen zurückblicken kann, weil ich sie zum *richtigen Zeitpunkt* treffe. Ich habe es so weit gebracht, verdammt noch mal, weil ich *ein Gefühl* für den richtigen Zeitpunkt habe.«

»Es geht um keinen Zeitpunkt, Lew, es geht um Courage. Es geht um Einsicht. Es geht um die absolute Grenze.«

»Und die wäre...?«

»Biologie.«

»Willst du im Ernst sagen, dass, wenn diese letzten paar Königsbussarde im Great Basin und in Montana verschwinden, die Menschheit etwas Schlimmeres davonträgt als eine seelische Wunde? – und die will ich gar nicht herunterspielen, auch ich habe Tiere verloren, die mir lieb waren –, aber, herrje, die biologische Zukunft des Homo sapiens steht hierbei *nicht* auf dem Spiel.«

»Das tut sie doch, Lew. Und du bist der Mann mit der Macht, die Entscheidung zu fällen. Jeder weiß, wenigstens jeder, in dessen Nerven noch Leben zuckt: Wenn du sie *nicht* fällst, ist diese ganze Amtsgewalt keinen Pfifferling wert. Wer eine Aufmerksamkeitsspanne hat, die länger ist als eine Meldung in den Abendnachrichten, weiß, dass unsere Biologie in einem *Holocaust* ausgerotteter Arten verendet, der in der Geschichte der Erde beispiellos ist. Der Verlust der Artenvielfalt ist etwas anderes als einen Schoßhund zu verlieren, Lew. Die besten Köpfe, die wir haben, die *außerhalb* von Regierung und Wirtschaft – und selbst die Leute *da* denken langsam um –, die sagen Nein, das Risiko ist zu groß. Wir *können* nicht dieses ganze Material in den Müllkübel werfen und dann erwarten, dass ›Wirtschaft und Technik‹ die Sache schon schaukeln. Die können uns bestenfalls verödete Steppen bescheren, auf denen wir ein paar Jahrzehnte lang ›wirtschaftliche Sicherheit‹ genießen können. Siehst du denn nicht, wo das hinführt? Was mich wütend macht, ist, dass du ein solcher Karrieretaktiker geworden bist und nicht siehst, wohin dich das bringt.«

»Weißt du was, Essie – ich weiß, das wird dir nicht gefallen –, Frauen ziehen diese Nummer immer ab. Sie stacheln die Männer an, loszuziehen und ›für das Gute zu kämpfen‹, das moralisch Richtige zu tun. Aber im Grunde sind sie mit der Situation ganz zufrieden. Es kommt ihnen sehr zupass, wenn jemand den Laden am Laufen hält, statt über den Untergang der Menschheit hysterisch zu werden, und sie die Vorteile daraus ziehen können.«

»Was bist du bloß für ein Mensch geworden? Wovon, zum Teufel, redest du eigentlich?«

»Ich rede von *Lisa*, meinen Kindern, meiner Familie, meiner *ersten* Familie. Ich rede von dir und David und *euren* Kindern. Von all unsern Freunden und ihren Kindern. Ich rede davon, wie die Menschen *leben*, Essie. Riskierst *du* vielleicht deinen Arbeitsplatz im Kampf für das Gute? Nein! Du hast gar keinen Arbeitsplatz.«

»Ich fass es nicht.«

»Vorsitzende des Umweltschutzbundes. Kein Gehalt, keine Sozialleistungen, keine Rente, Unkosten aus eigener Tasche – was, zum Teufel, würdest du wohl ohne Davids Einkommen anfangen?«

»Zum Donnerwetter, Lew, es geht hier doch nicht ums *Einkommen*!«

»Doch, darum geht es, denn nur *weil* es Davids Einkommen gibt, kannst du dir die Zeit nehmen, diesen Verband zu leiten. Um ganz offen zu sein: Es ist sein Einkommen, das deinen gesellschaftlichen Aufstieg ermöglicht. Ich säße jetzt nicht hier mit dir zusammen, wenn wir nur alte Schulfreunde wären. Ob es dir passt oder nicht, letztendlich haben die Leute Recht, die sagen, dass es um die Arbeitsplätze geht. Du willst, dass ich deinetwegen, unsretwegen für das Gute kämpfe? Dann geh die gleichen Risiken ein wie ich! Halt deinen Kopf hin, genau wie ich!«

»Da komm ich nicht ganz mit. Wenn dir die Verantwortung für deine Familie so wichtig ist, warum suchst du dir dann nicht eine Arbeit, bei der du nicht tagtäglich deine Integrität opfern musst?«

»Ich opfere meine Integrität nicht.«

»Dann können Pferde fliegen.«

»Ich denke praktisch, Essie, wie die meisten Männer.«

»Ich dachte – verzeih mir –, du wärst etwas Besonderes.«

»Komm mir nicht mit weiblichen Schmeicheleien.«

»Lew, glaubst du, es gibt einen Unterschied zwischen Liebe und Sex.«

»Was soll das jetzt wieder?«

»Was Liebe bedeutet: jemanden annehmen, trotz aller Schwächen, nicht richten, sondern helfen, geben, statt immer mehr Raum zu verlangen – kennst du das?«

»Ja.«

»Was liebst du?«

»Ich liebe Lisa, ich liebe die Kinder. Ich liebe meine Arbeit. Was soll ich sagen? Ich liebe die Erde. Das ist meine Arbeit, die Erde zu lieben, die *ganze* Schöpfung zu lieben, die Menschen *eingeschlossen*, und sie vor Schaden zu bewahren.«

»Aber du tust es nicht.«

»Siehst du, du willst bloß etwas aus mir rausholen.«

»Nein, Lewis, wirklich nicht. Ich denke dabei in erster Linie an *dich*. Ich würde mich auch deswegen freuen, wenn du in der Sache etwas tust, weil du dabei, glaube ich, das wieder finden würdest, was dich vor vielen Jahren auf diesen Weg gebracht hat, und es würde dir gut tun. Und ich glaube, du würdest politisch eine Überraschung erleben. Wenn du jetzt etwas unternimmst, elektrisierst du die Leute, auch Leute, die von der Politik und den Politikern die Nase voll haben. Ja, ich möchte, dass der Königsbussard geschützt wird. Er bedeutet mir etwas, so wie alles was lebt, von Tulpen bis Haien. Aber wenn du mir die Pistole auf die Brust setzen würdest, müsste ich sagen, dass ich dich deshalb gebeten habe herzukommen und mit mir zu reden, weil *du* zu meiner Familie gehörst, weil ich dich liebe und achte, weil ich für dich kämpfen will, weil dein Nichthandeln mir so wehtun würde wie dein Tod. Sind das nur die Worte einer *Frau*, Lew? Oder ist das eine menschliche Stimme? Spricht hier vielleicht eine Ethik, die über den Geschlechtern steht?«

»Du bist sehr überzeugend, das muss ich sagen.«

»Ich weiß – du musst gehen.«

»Ja.«

»Du hast ein paar Tage. Danke, dass du gekommen bist. Du weißt, worum es wirklich geht. Es liegt an dir, ob das dein Rubikon oder deine Kapitulationserklärung wird.«

»Ja. Ich ruf dich an.«

»Du musst mich nicht anrufen. Aber ich würde mich freuen.«

»Vielleicht freut dich auch, was ich dann zu sagen habe, Essie.«

»Ich hoffe es. Wir werden sehen, nicht?«

Pearyland

Ich bitte um Entschuldigung, aber leider kann ich dir diese Geschichte nicht ganz erzählen. Sie fängt am Flughafen von Söndre Strömfjord auf Grönland an, und widerfahren ist sie einem Mann namens Edward Bowman. Er war gerade aus Pearyland gekommen, über Qânâq und Upernavik, dann Nûk. Wir waren ungefähr hundert Leute, die auf ihre Maschinen warteten, er auf die nach Kopenhagen, denn Söndre Strömfjord war völlig eingenebelt. Er hatte schon sechs Tage am Flughafen hinter sich, ich, zusammen mit vier Inuitfreunden vom Clyde Inlet auf Baffinland, erst ein paar. Zu der Zeit – 1972, eben fertig mit dem Jurastudium – arbeitete ich mit kanadischen Eskimos, denen ich half, eine politische Allianz mit Eskimos in Grönland juristisch abzusichern.

Wir hielten uns alle abflugbereit, lange Stunden am Flughafen. Einige fuhren in die Stadt; doch der Gedanke, es könnte plötzlich ein paar Minuten aufklaren und ein Flugzeug starten, sorgte dafür, dass die meisten von uns dablieben, in den Wartehallen schliefen, im Restaurant aßen, telefonierten.

Bowman war mit Forschungen für seine Magisterarbeit in Wildbiologie an der Iowa State University beschäftigt, doch es kann sein, dass er den Plan zu dem Zeitpunkt schon aufgegeben hatte. Die Arbeit, daran erinnere ich mich noch gut, sollte etwas behandeln, das damals noch ganz neu war – Taphonomie. Konkret untersuchte er die Art, wie Weißwedelhirsche nach ihrem Tod von andern Tieren zerlegt werden, ihre Rückführung in die ökologische Gemeinschaft – wie zum Beispiel Knochenmineralien zurück in die Erde gelangen. Wie große Tiere verschwinden. Der Gedanke, die Untersuchung ein wenig auszudehnen, hatte ihn nach Pearyland geführt. Er hatte in Nordgrönland etwas genauer aufdröseln wollen, was eigentlich passiert, wenn große Tiere sterben.

Ich sollte hier sagen, dass Bowman nicht gesprächig war, dass er keinen Drang erkennen ließ, seine Geschichte zu erzählen. Er wich meinen Fragen nicht aus, aber außer seinen schlichten Antworten gab er nicht viel von sich. Trotz seiner wortkargen Art war er immer höflich, nicht viel anders als meine Inuitfreunde, deren Geduld ich damals vor vielen Jahren mit meinen wohlformulierten Fragen und meinem jugendlichen Selbstvertrauen ziemlich strapaziert haben muss.

Hatte er dort oben einfach tote Tiere angeschaut?, fragte ich ihn. An einem kalten Ort, wo Kadaver sehr langsam verwesen? Zum Teil, sagte er. Aber als er das Wenige, was es an Schriftlichem über den Ort gab, gelesen hatte, sagte er, seien seine Interessen komplexer geworden. Pearyland ist eine arktische Oase, ein Ort, wo trotz des hohen Breitengrads viele Tiere leben – Karibus, Wölfe, Schneehasen, Hermeline, kleine Tiere wie Wühlmäuse und Lemminge, auch viele Vögel, Schneeeulen zum Beispiel. Bowman sagte, er habe sich um Fördergelder bemüht, um einen Sommer lang forschen zu können. Natürlich habe ihn das saprophytische Nahrungsnetz sehr interessiert, die winzigen Tierchen, die organische Stoffe zerlegen; aber hinzu kam, dass niemand so recht über Pearyland Bescheid wusste. Es war entlegen, klimatisch rau, und es war schwierig und kostspielig, dorthin zu gelangen.

Kein Geldgeber war von Bowmans Gegenstand oder seinem Interesse zu begeistern. (Er erzählte mir irgendwann, eine der Schwierigkeiten bei der Beantragung von Fördermitteln seigewesen, dass er nach der Arbeit mit den Hirschkadavern in Iowa einfach den instinktiven Drang gehabt habe hinzufahren, jedoch ohne klare wissenschaftliche Zielsetzung, ohne ein eindeutiges Projekt, was für die größeren Institutionen letztlich eine unüberwindliche Hürde gewesen sei.) Schließlich gelang es ihm, mehrere kleine Beträge zusammenzustoppeln und die Unterstützung einer Stiftung in Dänemark zu gewinnen, was es ihm ermöglichte, Lebensmittel und ein gutes Zelt zu kaufen. Um nach Qânâq im Norden zu gelangen, war er auf Mitfluggelegenheiten angewiesen. Mit seinem letzten Geld wollte er Anfang Juli ein Flugzeug von Qânâq zum Brönlundfjord chartern und sich Mitte September dort wieder abholen lassen. Und genauso machte er es.

Als wir uns begegneten, war seine einzige Barschaft sein Rückflugticket nach Kopenhagen, aber das bekümmerte ihn nicht. Irgendwie, meinte er, werde sich alles finden.

Von hier an wird die Sache für mich schwierig. Wie gesagt, Bowman schien, anders als die meisten Weißen, keinen starken Drang zu haben, seine Geschichte loszuwerden. Und ich konnte mich nicht überwinden, sehr tief zu bohren – aus Gründen, die du gleich sehen wirst. Es könnte daher sein, und ist wahrscheinlich so, dass es entscheidende Elemente gibt, von denen ich nichts erfahren habe. Man weiß bei einer solchen Geschichte nicht so recht, was man davon halten soll, aber damit geht es dir nicht anders als mir damals. Du musst dir leider selbst einen Reim darauf machen.

Was Bowman am Brönlundfjord in Pearyland fand, war das Land der Toten. Das Land der toten Tiere.

Als er ankam, schlug Bowman sein Lager auf und unternahm dann lange Wanderungen, sechs oder sieben Meilen lange Rundgänge, östlich und westlich am Fjord entlang und nördlich in die flachen Hügel hinein, in die Weidentäler. Der Fjord ging nach Süden – offenes Wasser bei 82° Nord im Juli, was ihn überraschte; aber das zeichnet arktische Oasen aus. Der Sommer kommt dort früher als weiter im Süden, und er bleibt etwas länger. Im Winter ist es vergleichsweise warm. An manchen Tagen, sagte Bowman, trug er nur ein T-Shirt.

Bowmans Wanderungen brachten ihn in den ersten paar

Tagen in Sichtweite vieler Tiere, aber er kam nicht nahe an sie heran. Und ein wenig zu seiner Verwunderung stieß er auf diesen langen Rundgängen auf keinen einzigen Tierkadaver, nicht einmal auf einen verwitterten Knochen.

Das Einzige, was ihm Sorgen machte, erzählte er mir, waren Eisbären. Er sah regelmäßig Robben im Fjord und rechnete deshalb damit, dass Bären auftauchen würden; aber er sah weder Spuren noch Kotreste, nicht einmal alte. Er fürchtete weniger, angegriffen zu werden, als dass ein Bär sich an seine Vorräte heranmachen könnte. Er hatte kein Funkgerät und lief somit Gefahr zu verhungern, bevor das Flugzeug zurückkam. Allein aus diesem Grund, sagte er, habe er sich bereit erklärt, ein Gewehr mitzunehmen, was die dänische Regierung ihm zur Auflage gemacht hatte. Wo er eigentlich war, dass er sein Lager im Land der Toten aufgeschlagen hatte, erfuhr er erst, als er eines Morgens das Gewehr suchte und es nicht da war.

Natürlich war niemand in der Nähe, und so war ihm der Verlust unbegreiflich. Er stellte sein ganzes Lager auf den Kopf, überlegte, ob er es vielleicht aus Zerstreutheit an der Klogrube liegen gelassen, oder es mit hinunter ans Ufer des Fjords genommen hatte. Oder ob er im Schlaf aufgestanden, mit dem Gewehr irgendwohin gegangen war und es weggeworfen hatte. Er sagte, auf diese letzte Möglichkeit sei er gekommen, weil ihm bei dem Gedanken an das Gewehr nie wohl gewesen sei; und wer wisse schon, sagte er zu mir, was die träumende Seele wirklich will?

Am Tag, nachdem ihm das Gewehr abhanden gekommen war, sah er ein paar Karibus nahebei, keine halbe Meile entfernt. Er saß gerade auf einer Materialkiste beim Frühstück, beobachtete, wie der Wind die Oberfläche des Fjords kräuselte, und erfand mit den Augen ein Muster in den rötlichen Blüten eines Büschels Steinbrech. Das hartnäckige Starren der Tiere veranlasste ihn, sich umzudrehen. Er starrte zurück. Vier Tiere, alle regungslos. Da ging ihm auf, dass er in dieser ersten Woche keine Karibus oder Moschusochsen hatte äsen sehen.

Er griff nach seinem Fernglas, doch im selben Moment entschwanden die Karibus hinter einem Hügel. Er sah an diesem Tag keine Tiere mehr, aber am folgenden Morgen waren die Karibus wieder am selben Platz. Diesmal saß er lange ganz still. Schließlich kamen die Karibus zu ihm herunter, bis auf eine Entfernung von etwa zwanzig Meter.

»Wo gehörst du hin?«

Bowman sagte, als er diese Worte hörte, habe er gedacht, die Tiere hätten sie gemacht, doch als er sich umdrehte, erblickte er am fernen Rand des Wassers einen Mann, einen Inuk.

»Wo kommst du her?«

Es fiel Bowman schwer zu begreifen, dass die Stimme dieses Mannes deutlich in sein Ohr drang, obwohl er weit weg stand. Er wusste nicht, was er antworten sollte. Er dachte nicht, dass der Mann den Namen Indiana kennen würde, deshalb sagte er, er komme von sehr, sehr weit her, von Westen und Süden.

»Was willst du hier?«

Bowman wollte, erklärte er mir, diese Frage so beantworten, dass er den Mann nicht verletzte, weil er das starke Gefühl hatte, er könnte in seiner Forschung dort (die, wie er noch einmal betonte, nahezu ziellos war) behindert werden. Oder möglicherweise Schaden nehmen.

»Ich will horchen«, sagte er schließlich.

»Hörst du den Wind? Das Schmelzwasser, wie es zum Fjord hinuntertröpfelt? Den Mohn, wie er sich in der Sommersonne auf seinen Stängeln dreht?«

»Ja. Auf all das horche ich.«

»Hörst du die Lieder meiner Brüder und Schwestern?«, fragte der Mann am Fjord.

»Ich bin nicht sicher«, antwortete Bowman. »Ich habe, glaube ich, noch keinen Gesang gehört. Vielleicht, wenn ich genauer hinhorche.«

In dem Moment blickte sich Bowman rasch nach den Karibus um. Sie waren viel näher gekommen. Als er sich noch weiter drehte, fiel sein Blick auf zwei Järve, die mit ihrem merkwürdigen Sprunglauf von Westen auf ihn zukamen. Dann saß der Inuk dicht neben ihm auf einer andern Kiste und schaute über das Wasser des Fjords. Bowman konnte sein Gesicht von der Seite aus nicht erkennen.

»Ich bin hier der Wärter«, sagte der Mann. Bowman sah jetzt, dass er ungefähr vierzig, fünfzig war. »Was willst du? Was ist Indiana?«, fragte er.

Verblüfft beschrieb Bowman, wo Indiana lag. Dann versuchte er zu erklären, was er als Biologe tat, und dass er sich besonders dafür interessierte, was mit Tieren nach ihrem Tod geschah. Danach, erzählte er mir, hätte er nichts mehr sagen sollen, aber er redete weiter, bis er nichts mehr zu sagen wusste.

»Die Toten kommen hierher«, sagte der Mann, als Bowman zu reden aufhörte. Er stand auf. Bowman sah, dass er klein war, nur ungefähr ein Meter sechzig, die kurzfingerigen Hände klobig, die Adern vorstehend, eine Linie kurz geschorener, rabenschwarzer Haare tief in der fliehenden Stirn. »Du bist an den richtigen Ort gekommen«, sagte er. Dann ging er fort. Obwohl er langsam ging, war er schon bald sehr weit weg.

Die Karibus waren fort. Die Järve waren noch da und beobachteten ihn, doch nach einer Weile verschwanden auch sie.

Bowman sah den Mann vier oder fünf Tage nicht wieder, und dann bloß in großer Entfernung, wie er am tief liegenden Rand des Himmels dahinging.

Eines Morgens kroch Bowman aus seinem Zelt und sah einen Polarfuchs auf den Hinterbeinen sitzen und Robben im Fjord betrachten. Als er ein Geräusch machte – mit seinem Strumpf auf dem Tundrakies –, drehte der Fuchs sich schnell um, überrascht, und lief weg. Während er davoneilte, sah Bowman, dass er keinen Schatten warf.

Bowman versuchte jeden Tag den gleichen Ablauf einzuhalten. Wenn er aufwachte, suchte er mit seinem Fernglas die Tundra in allen Richtungen ab und schrieb alles auf, was er sah – Schneehasen, Moschusochsen, Schneegänse. Er frühstückte, packte eine Brotzeit in seinen Rucksack und unternahm eine lange Wanderung. Er machte Listen von allen Blumen, den Spuren, auf die er stieß, den Tieren, denen er begegnete; und er kämpfte gegen das Gefühl an, dass er damit nichts zu Wege brachte. Jeden Tag schrieb er die Temperatur auf, und er schätzte die Geschwindigkeit und die Richtung des Windes, und er machte sich Notizen über die Wolkenformen, die er am Himmel sah. Altostratus. Kumulonimbus.

Eines Tages kam der Mann zurück. »Warum jagst du nicht?«, fragte er. »Warum versuchst du es nicht einmal?«

»Als ich jünger war, ging ich mit meinem Vater in Indiana jagen. Jetzt mache ich das nicht mehr.« Bowman erzählte mir, er habe sehr genau darauf achten wollen, was er sagte. »Ich jage hier an diesem Ort nicht, weil ich mir Sachen zum Essen mitgebracht habe. Außerdem kenne ich diese Tiere nicht. Ich habe keine Beziehung zu ihnen. Ich wüsste nicht, wie ich sie jagen sollte.«

»Sowieso verboten hier, jagen.«

»Ich weiß, dass dies dein Land ist«, sagte Bowman vorsichtig, »aber warum bist du hier?«

»Wärter. Bis diese Tiergeister Körper bekommen und so weit sind, dass sie zurückkehren können, muss ein Mensch hier sein, damit sie nicht Hunger leiden. Wenn die Tiere etwas wollen – wenn sie ein Lied hören wollen, lerne ich es. Ich singe es. Was sie wollen, ich mache es. Das ist meine Arbeit.«

»Bist du schon lange hier?«

»Ja. Lange. Bald wird jemand anders kommen. Vor langer Zeit, vor Indiana, gab es mehr zu tun. Viele Wärter. Jetzt weniger.«

»Was essen diese Tiere?«

»Essen, nicht nötig.« Nach einer Pause sagte er: »Sie ernähren sich vom Sonnenlicht.«

»Wenn sie so weit sind, wohin gehen sie dann?«

»Überallhin. Sie gehen heim. Sie gehen wieder dorthin, wo sie her sind. Aber zu viele heute, sie kommen nicht hierher. Sie werden einfach so getötet. Ohne Gebet.« Er machte mit der Faust eine Bewegung zum Boden, als würde er einen Hammer schwingen. »Sie können dann nicht dorthin zurück. So nicht.«

»Welche kommen zurück?«

Der Mann betrachtete Bowman lange. »Nur wenn diese Gabe vervollkommnet wird. Nur wenn der Jäger betet. Nur so kann die Seele des Tiers hierher zurückkehren.«

»Kommen sie her, um sich auszuruhen?«

Der Mann blickte Bowman befremdet an, als ob dieser ihn mit seinen ahnungslosen Fragen aufziehen wollte. »Sie bekommen hier ihre Körper.«

»Aber nur, wenn sie ihr Leben auf eine bestimmte Art hingeben können und wenn der Jäger dann ein Gebet spricht?«

»Ja.«

Nach einer Weile sagte der Mann: »Viele Religionen haben keine Tiere. Schwerer für Tiere heute. Sie versuchen es trotzdem.«

Bowman wusste nicht, was er sagen sollte.

»Sehr schwierig heute«, sagte der Inuk. Dann fragte er unvermittelt: »Was hörst du an diesem Ort? Hörst du ihre Lieder? Hörst du sie rufen?«

»Im Schlaf«, antwortete Bowman zögernd. »Oder vielleicht wenn ich wach bin, aber zu schlafen meine. Ich höre einen Ton, wie wenn ein Fluss über eine Mauer strömt oder wenn der Wind in den Kronen eines Waldes rauscht. Manchmal höre ich Herzschläge, viele Herzschläge übereinander, wie Karibuhufe.«

»Die Seelen der Tiere rufen nach Körpern, die Körper rufen nach ihren Seelen.«

»Die Körper und die Seelen, sie suchen sich.«

»Ja. Sie kommen zusammen, verlieben sich wieder. Sie gehen zurück, kriegen Kinder. Dann hat eines Tages jemand Hunger, einer, der seine Familie liebt, der so ein Verhalten hat. Wolf, Mensch – egal. So ist der Gang.«

»Gibt es einen Ort«, fragte Bowman, »wo die Tierseelen hinkommen, wenn sie einfach so getötet werden?«

Der Inuk schaute Bowman an, als wäre er nicht da, stand auf und ging fort.

Er kam nicht zurück, und Bowman sah ihn nicht wieder.

Die Tiere um Bowmans Lager wurden weniger scheu. Sie begannen an ihm vorbeizuziehen, als wäre er ein Gewächs am Boden oder ein Teil des Himmels. Die Karibus gingen alle auf die gleiche schwebende Art, blickten teils mit schimmernden, teils mit stumpfen Augenpaaren auf die Pflanzen und Flechten, auf die Wolken, und starrten auf Rinnsale, die über die Tundra flossen.

Eines Morgens sah Bowman sein Gewehr; es lehnte an einer Kiste.

Während seiner letzten Tage, sagte er, habe er versucht das Land zu zeichnen. Ich bekam die Zeichnungen zu sehen – alles Pastellbilder, Aquarelle, mit kleinen, leuchtenden Flecken Rot, Violett und Gelb: Blumen, Zwergweiden, Bärentrauben. Das Land war endlos weit. Es schien gegen den Horizont zu laufen wie eine Welle. Und doch wirkte es schwerelos, als könnte ein Lufthauch weich wie Vogelatem es auf die Seite kippen.

Der Pilot kam und flog ihn nach Qânâq, nahezu fünfhundert Meilen, zwei Tage später trat er die Fahrt nach Süden an. Jetzt wartete er mit uns anderen darauf, dass es aufklarte.

Bowman erzählte mir diese Geschichte im Lauf von drei Tagen. Er teilte mir jedes Mal nur ein bisschen mit, als wäre er sich ihrer oder meiner nicht sicher. Ich versuchte immer wieder ihn darauf zurückzubringen, aber ich wollte nicht plump zudringlich sein. Ich hatte viele Fragen. Machte es ein Geräusch, wenn die Füße der Tiere den Boden berührten? Sah er Flugzeuge am Himmel? Hatte er jemals Angst? Was hatte der Inuk an?

Die schwerste Frage – denn ich hatte keinen andern Grund, in ihn zu dringen, als meine Wissbegier – war, ob er eine Adresse hatte, unter der ich ihn erreichen konnte. Er gab mir eine Adresse in Ames, wo die Universität ist, aber als ich ihm schließlich schrieb, war er schon weggezogen, und wie so viele junge Leute – er war dreiundzwanzig, vierundzwanzig – hinterließ er keine Nachsendeadresse.

Manchmal, wenn ich in eine Bibliothek komme, schaue ich

unter seinem Namen nach. Aber so weit ich weiß, hat er nie etwas darüber geschrieben, auch sonst nichts.

Am letzten Septembertag zog der Nebel plötzlich ab, als müsste er dringend woanders hin. Bowmans Flugzeug, das acht Tage dort am Flughafen gestanden hatte, startete nach Kopenhagen, und eine Stunde später flog ich mit meinen Freunden zurück zur Frobisher Bay auf Baffinland.

Der Neger in der Küche

Ich habe einen festen Tagesablauf. Jeden Morgen bei Sonnenaufgang – ich kann den Zeitpunkt des Sonnenaufgangs für meinen Breiten- und Längengrad auf die Minute genau bestimmen – stehe ich auf und dusche. Dann mache ich mir ein frisches Frühstück, das ich nach einem strikten Wochenplan gewissenhaft variiere. (Auf Grund meiner Lektüre über die Evolution des Menschen und meiner Beschäftigung mit verweichlichenden Zivilisationskrankheiten sehe ich es als einwandfrei erwiesen an, dass fehlende jahreszeitliche Abwechslung ungesund ist. Sie prädisponiert einen zu Krebs in den verschiedensten Formen, zu chronischer Müdigkeit und frühzeitigem Tod. Meine Ernährung ist daher sowohl exakt den Klimaveränderungen auf meinem Breitengrad – 44° Nord – angepasst als auch perfekt auf meinen Körper abgestimmt, über dessen Biochemie ich genauestens Bescheid weiß, weil ich mich in einer Langzeit-Testserie an der Scripps Clinic nach Spuren von Schwermetall in den Fingernägeln, jahreszeitlich bedingten Schwankungen in der Melaninkonzentration auf dergleichen untersuchen lasse.)

Ich beginne also jeden Tag mit der sehr nahe liegenden Koordinate des örtlichen Sonnenaufgangs und frühstücke, wenn das Wetter es zulässt, auf einer großen Veranda mit Blick auf den Wood River, dessen Stimmungen mich oft beruhigen, vor allem wenn ich die Nacht schlecht geträumt habe.

Meine Frau, eine sehr undisziplinierte Person, hat mich vor

etlichen Jahren verlassen. Unsere Kinder, drei an der Zahl, führen ihr eigenes Leben, aber wir hören regelmäßig voneinander. Meine Lebensgefährten sind drei Siamkatzen – von der recht ungewöhnlichen Vera-Cruz-Rasse – und ein reinrassiger Akita, den ich von klein an aufgezogen habe und der eine Menge Preise gewonnen hat. (Wir laufen zusammen zwölf Meilen die Woche.)
An dem Morgen, von dem ich sprechen möchte, betrat ich kurz nach sechs die Küche und sah dort einen großen, kräftigen Neger in weiten Khakishorts und einem normalen, aber ziemlich abgetragenen langärmeligen Hemd stehen. Neben ihm auf dem Fußboden lag eine nicht allzu große Umhängetasche aus Leder. Er stand mit dem Rücken zu mir in der offenen Verandatür und sagte, ohne sich umzudrehen: »Ich habe für mich mit gedeckt – ich hoffe, Sie haben nichts dagegen.«
Tja, dachte ich, und wenn ich was dagegen hätte? Außerdem sah er kerngesund aus, regelrecht kultiviert. Der Hund hatte nicht gebellt und ließ sich auch jetzt nicht von ihm stören. Er stand neben seinem Napf und wartete auf sein Quellwasser. Also sagte ich: »Nein, gut. Mir recht. Ich kann zwei Portionen machen – aber Sie müssen mit dem vorlieb nehmen, was ich esse.«
Er schien nicht zum Reden aufgelegt zu sein, sondern starrte in Gedanken versunken auf die Espen und Cottonwoods. Ich presste frischen Orangensaft, toastete zwei Scheiben Kleiebrot leicht an, füllte für jeden von uns ein Schälchen mit meinem selbst gemachten Jogurt und servierte auf der Veranda, dazu kenianischen Kaffee – die süd- und mittelamerikanischen Bohnen bekommen mir alle nicht.
Wir fingen schweigend an zu essen. Seine Tischmanieren waren gut. Warum war er hergekommen? Würde er jetzt versuchen, weiter in das Haus vorzudringen? Würde er darum bitten, duschen zu dürfen? Wann hatte er das Haus *betreten*? Ich ließ mir meine Spannung nicht anmerken, überlegte aber natürlich, ob ich erwähnen sollte, dass ich planmäßig um sieben im Büro sein müsste.

»Ich schließe nie ab, wissen Sie«, sagte ich. »Woher kommen Sie?«

»Ich komme aus Connecticut. Greenwich. Ich habe dort eine Firma ... Finanzberatung.«

»Aber – sind Sie hier zu Besuch? Haben Sie sich verlaufen?«

»Nein, nein, ich bin zu Fuß unterwegs. Ich mache eine lange Wanderung. Ich bin zu Fuß von Connecticut gekommen.«

»Aber das sind zweitausend Meilen!«

»Ja, genau. Ein sehr weiter Weg. Ich bin die meiste Zeit über Land gegangen, abseits der Straßen, habe mich von Obst und Nüssen aus Gärten ernährt, Gemüse – und die Gastlichkeit von Menschen wie Ihnen genossen, wofür ich überaus dankbar bin.

Ich habe übrigens ein paar gute Bücher über Selbstversorgung gelesen«, sagte er und griff nach seiner Tasche. »Eines davon ist bemerkenswert. Kennen Sie es?« Er zeigte mir den Buchdeckel. Nein. »Ich habe von Haus aus keine Ahnung von diesen Dingen. Ich bin in Boston aufgewachsen, wir waren die schwarze Bourgeoisie, wissen Sie. Mein Vater war Anwalt. Wir haben nie etwas Derartiges gemacht.«

»Möchten Sie noch einen Toast? Ich mache für mich immer nur einen. Ich kann Ihnen sogar Papayamarmelade anbieten – die ich sonst erst donnerstags nehme. Ich halte eine strikte Diät ein – um fit zu bleiben.«

»Ja. Vielen Dank.«

»Und«, hakte ich nach, während ich auf den Toast wartete, »von hier aus setzen Sie dann Ihre Wanderung fort?«

»Genau. Denken Sie, ich könnte den Fernseher stehlen?« Mit einer Kopfbewegung deutete er auf das kleine Siebzehnzollgerät, das ich nur zu den Nachrichten einschalte.

»Das ist vielleicht gar nicht so absurd, wie Sie meinen«, versetzte ich. »Wer sind Sie überhaupt? Ein Fremder, der in meiner Küche auftaucht, kräftig gebaut und – seien wir offen – schwarz.« Ich wollte entschieden, aber nicht grob sein, und ich war es.

»Vor ungefähr einem Jahr«, antwortete er, während er sich

die Marmelade auf seinen Toast strich (aber direkt aus dem Glas), »beschloss ich, dass ich mir anschauen wollte, was westlich von Connecticut liegt. Als junger Bursche habe ich ganz Europa bereist. Ich habe an der Sorbonne Geschichte studiert – ja. Ich habe ein Jahr in Kinshasa unterrichtet, eine Katastrophe, die mir noch Monate danach zu schaffen machte. Ich ging in die Staaten zurück, studierte Betriebswirtschaft an der Wharton School in Pennsylvania. Ein Jahr Wall Street – unter einigen der übelsten Typen, muss ich sagen, die mir je begegnet sind: pathologische Egoisten, die über Leichen gingen. Daraufhin beschloss ich, mich in Greenwich selbstständig zu machen, mit gutem Erfolg. Für Anlagen habe ich ein Talent.«

»Ich bin Anlageberater, hier in Sun Valley. Wir haben praktisch denselben Beruf. Ich habe auch ein Händchen dafür.«

»Aber ich bin vorher nie längere Zeit auf dem Land gewesen – ich meine nicht die Wildnis, auch nicht Vororte oder zersiedeltes Umland, sondern einfach das freie Land. Ich hätte Interesse für die Schwarzen in den Slums haben sollen, vielleicht sogar Schuldgefühle; aber ich hatte keine. Vor ungefähr fünf Jahren – stellen Sie sich vor! – fing ich an, populäre Bücher über Indianer zu lesen: *Begrabt mein Herz an der Biegung des Flusses. Martiniano und der Hirsch. Ich rufe mein Volk.* Ich fand das alles ein bisschen sonderbar, realitätsfremd, Sie verstehen. Aber je mehr ich las, umso mehr geriet ich in etwas hinein. Ich weiß nicht, wie ich das beschreiben soll. Ich war hingerissen. Ergriffen. Ich fühlte mich plötzlich wieder geerdet.«

»Ich mache Ihnen noch einen Kaffee.«

»Vielen Dank. Deshalb ging ich nach Kenia. Meine Vorfahren waren Kikuyu, die vor 1850 von Arabern nach Sansibar verschleppt worden waren. Ich beschäftigte mich mit der dortigen Geschichte – Myungu, Songoro in Mwanza, Simba im Kongo. Die Namen sagen Ihnen wahrscheinlich nichts, aber diese Leute waren gewaltige Krieger, der Schrecken aller arabischen Sklavenhändler. Ich bewunderte sie rückhaltlos; aber was immer ich auch in Afrika suchte – die berühmten Wurzeln, die eigene Identität –, ich fand es nicht. Ich fuhr zurück. Ich kam zu dem Schluss, dass diese Hinwendung zu Afrika mir nichts brachte. Der Ort, den ich liebte, der Ort, wo ich wirklich hingehörte, war ohne jede Frage das Connecticut River Valley. Als Kind hatte ich das gewusst – meine Eltern hatten dort ein Haus. *Meine* Kinder – ich habe zwei, einen Jungen von neun, ein Mädchen von zwölf – lieben den Ort. Meine Frau auch. Warum strampelte ich mich ab, irgendeinen Ort in Afrika zu finden?«

»Ich muss eigentlich nicht unbedingt zur Arbeit. Was meinen Sie, soll ich noch einen Toast mit Ihnen essen?«

»Aber sicher.«

Von meinem Platz in der Küche aus konnte ich gerade noch den Kopf meines Besuchers hinter der Glastür über dem Tresen sehen. Er drückte mit den Zeigefingern leicht an seine vorgeschobenen Lippen. Seine Handbewegungen waren schön. Ich fragte mich, ob er früher Leistungssport getrieben hatte.

»Ich bin ganz fasziniert von Ihrer Geschichte«, erklärte ich, wobei ich mich wieder hinsetzte und ein Weilchen das Schimmern des Lichts auf der Flussoberfläche betrachtete.

»Sie sind interessiert. Aber Sie wissen nicht, was Sie davon halten sollen. Ein gebildeter Schwarzer, ein Einkommen, das sich wahrscheinlich mit Ihrem vergleichen kann. Wahrscheinlich sogar eine politische Einstellung, die von Ihrer nicht sehr verschieden ist. Irritierend.«

»Na ja, egal was Sie da draußen im Wald treiben, Sie scheinen entschlossen zu sein, etwas aus sich zu machen. *Das* ist bewundernswert.«

»Ich habe mein Leben auf einem Silbertablett serviert bekommen.« Er hielt meinen Blick fest. »Sie auch?« Ich gab keine Antwort. »Ich besuchte gute Schulen und Universitäten, niemand legte mir Steine in den Weg. In Frankreich wurde ich sogar noch weniger mit Rassismus konfrontiert. Aber es reichte nicht. Alles, was ich über Indianer gelesen hatte, bevor ich nach Afrika ging, arbeitete weiter in mir. Und auf einmal war sie wieder da, die merkwürdige Faszination, nur dass sie diesmal eine ganz andere Richtung nahm. Ich wollte ein indigener Afroamerikaner werden.«

»Und was soll das sein?«

»Ein Schwarzer, der sich mit der amerikanischen Landschaft identifiziert, der mit der Schändlichkeit seines geschichtlichen Erbes in diesem Staat so vollständig bricht, dass er zuletzt eine heilsame Vertrautheit mit dem Land gewinnt, mit eben dem Land, das so lange unerreichbar gewesen war. Ich hatte mir immer eingebildet, dass die Berge, die Flüsse, der Himmel uns genauso betrachten, wie die Weißen es tun, als Fremdkörper. Ich dachte, weil den Weißen das Land gehört, müsste es genauso sein. Wir wären Fremde, deren Fragen, deren Wunsch nach Hingehörigkeit, tja, ungehörig wären.«

Ich griff blindlings nach dem Bestimmungsbuch von Peterson auf dem Fenstersims. »Der kleine Vogel, der gerade vorbeigeflogen ist – verzeihen Sie –, ich muss ihn identifizieren. Mir fehlen nur noch neun Vögel, dann habe ich alle gesehen, die in diesem Tal leben. Und ja... bitte, ja, ich höre zu – aber hier ist er: Graukopfvireo. Sehr schön. Fahren Sie fort! Sehr schön.«

»Ich musste unbedingt das Land in seiner ganzen Weite sehen. Mich darin bewegen. Es nehmen und von ihm genommen werden.«

»Ja. Ich verstehe. Sie sehen da vielleicht keinen Zusammenhang, aber ich bin in Bel Air aufgewachsen, und ich musste auch das Land sehen, deshalb habe ich dieses Haus gebaut.«

»Vor ungefähr sieben Monaten also verließ ich Connecticut und ging Richtung Pazifik los. Ich hielt mich von Städten fern, versorgte mich, so weit es ging, selbst, von wildem Land wie auch von kultiviertem. Ich könnte jetzt auf der Stelle dort in die Espen gehen, einen der Steine am Fluss nehmen, mir damit einen Speer schneiden, ihn härten und Ihnen noch vor Mittag Wildbret auftischen. Ich kann das – aber ich bin diesem köstlichen Jogurt, Ihrem Brot und Ihren Orangen durchaus nicht abgeneigt. Der ist aus Kenia, stimmt's?« Ich nickte.

»Mein Verlangen«, fuhr er fort, »ging schließlich dahin: in inniger Vertrautheit das Land zu durchqueren, in Schönheit über die Erde zu wandeln und dabei sehr wenig Störung zu verursachen, bis ich am Rand des Pazifik stehe. Ich habe mir währenddessen alle möglichen Sachen beigebracht. Ich kann mittlerweile drei oder vier Tage ohne Essen auskommen. Ich kann den Gesang von fast zweihundert Vögeln imitieren – das gerade war übrigens ein weibliches Rubingoldhähnchen, kein Graukopfvireo ...«

»Verdammt, das habe ich schon.«

»... und mich im Dunkeln fast so schnell fortbewegen wie bei Tag. Ich stellte mir zum Beispiel die Aufgabe, Iowa in nur zehn Tagen zu durchqueren, jede Nacht über dreißig Meilen, ohne gesehen zu werden. Nicht einmal ein Hund hat gebellt. In Wyoming hielt ich mich kurze Zeit bei den Crow auf, überaus interessante Menschen. Custer hatte Crow-Späher, wissen Sie. Sie und die Arikara waren die einzigen Stämme im Westen, die fanden, es sei sinnlos, die Weißen zu bekämpfen. Wenn mein Junge älter ist, werde ich ihn eine Zeit lang zu den Crow schicken.«

»Wir hatten Indianer in der Familie. Meine Mutter war ein Achtelcomanche. Ich bin ein Sechzehntel.«

»Jetzt sind es nur noch ein paar hundert Meilen. Noch ein paar Wochen, und ich bin am Pazifik. Ich möchte westlichen Lachs probieren, das Fleisch von Kisutchlachs, Blaurückenlachs, Buckellachs und Quinnat unterscheiden lernen, wenn ich kann. Schmecken, ob die Zwergkastanien bitter sind.«

»Womit verdienen Sie Ihr Geld?«

»Wie gesagt, ich bin Investor.«

»Nein, im Moment.«

»Im Moment, brauche ich kein Geld. Nicht viel. Am Anfang war es mir nicht geheuer, ohne Geld unterwegs zu sein, ohne Kreditkarten. Doch nach einer Weile hat sich das ganze Problem in Luft aufgelöst.«

»Weil ich Ihnen hundert Dollar geben möchte. Besser gesagt zweihundert, nur für den Fall.«

»Das ist sehr freundlich von Ihnen, aber ...«
»Nein, nein. Ich bewundere, was Sie tun. Ich möchte es unterstützen.«
Er sah mir prüfend ins Gesicht. »Haben Sie je daran gedacht«, fragte er, »einmal loszuziehen? Einfach von diesem Haus wegzugehen, Ihrem Geschäft?«
»Das tue ich. Jeden Winter. Ich fliege auf die Bahamas, nach Eleuthera. Ich habe dort ein Haus. Ich gehe tauchen. Ich kenne sämtliche Fischarten.«
»Bedenken Sie einmal Folgendes – ich weiß, Sie können es verstehen: Mit Arbeitsplätzen hielt der weiße Mann die meisten Schwarzen in den Städten fest. Er sperrte die Indianer in den Reservaten ein. Ihm war nicht wohl bei dem Gedanken, sie oder wir könnten frei durch die Gegend ziehen. Er glaubte, die Schwarzen hätten irgendeinen Buschvoodoo und die Indianer hätten eine andere Art Voodoo und das Beste wäre, wenn die Indianer einfach in den Reservaten blieben und wenn die Schwarzen einfach in den Fabriken schufteten und Autos und Bettwäsche produzierten. Das alles rundherum war uns verschlossen. Wissen Sie, dass ich beim Laufen – die endlosen Stunde über die Felder in Iowa – die *Aeneis* vor mich hin rezitiere? Ja. Ich liebe diese Geschichte. Sic fatur lacrimans classique inmittit habenas... das ist der Anfang des sechsten Buches, die Mitte der Geschichte. Oder die Gedichte von Wallace Stevens. Glauben Sie das? Ich gleite durch das Land, die Flussauen, die Gebirgsparks, mit dieser Musik im Kopf.«
»Ich habe durchaus schon daran gedacht wegzugehen, einfach alles hinter mir zu lassen.«
»Sie müssen etwas finden, das Sie wirklich treibt. Es muss mehr sein als bloß eine Idee.«
»Ein fester Vorsatz.«
»Tiefer.«
»Eine bindende Verpflichtung.«
»Eine Verpflichtung, ja – aber mit dem *Herzen* eingegangen, nicht mit dem Kopf.«

»Das ist es.«
»Erhebend!«
»Ist es Ihnen schwer gefallen, sich die ganzen Vogellieder einzuprägen?«
»Die Vogellieder? Ja. Das war schwer, aber alles Vollbrachte, werden Sie merken, ist im Rückblick süß, ganz süß.«
»Ich verstehe. Im Rückblick süß... Ich bin – so, Sie wollen also aufbrechen? Kann ich Sie irgendwohin mitnehmen? Sollte ich Ihnen überhaupt das Angebot machen?«
»Sehr freundlich, vielen Dank, nein.« Er legte das Silberbesteck ordentlich auf seinen Teller. »Sehen Sie die Cottonwoods da? Ich werde jetzt in die Richtung gehen und einfach darin verschwinden. Erst zum Galena Pass, dann heute Nacht hinüber ins Stanley Basin.«
»Wie finden Sie Plätze zum Schlafen?«
»Manche Dinge bleiben rätselhaft, auch mir.«
»Diese Nike Crosstrainer. Sind die gut?«
»Meine Schuhe? Diese Schuhe? Doch, ja, sie sind gut.«
»Wenn ich losginge, meinen Sie, ich sollte zum *Atlantik* laufen? Was werden Sie machen, wenn Sie am Pazifik ankommen?«
»Am Pazifik?« Er musterte mich eingehend, lange. Vielleicht schätzte er mich als Reisegefährten ab. »Ich werde mich vielleicht fragen, ob ich es wirklich verdient habe.«
»Verdient? Natürlich haben Sie es verdient!« Wie konnte er daran zweifeln?
Er schob seinen Stuhl zurück. »Lassen Sie mich das machen«, sagte er.
Als er aufstand und das Geschirr nahm, musste ich wieder über seine Größe staunen. Er erinnerte mich an einen Basketballprofi, dessen Name mir in dem Moment nicht einfallen wollte.
Ich zeigte ihm, wo die Gästetoilette war, während ich am Spülbecken vorbei in mein Schlafzimmer ging, zweihundert Dollar aus meiner Brieftasche zog und in die Küche zurück-

kehrte. Er spülte das Geschirr und stellte es auf das Abtropfbrett, wo es in der Sonne glänzte.

Ich reichte ihm die zwei Hundertdollarscheine. Er nahm sie, aber mit einem eigentümlichen Lächeln. Ich fragte ihn, ob er sich etwas zu essen einstecken wolle. Er ging mir voraus durch die Glastür und beugte sich über den Tisch, um sich aus einer großen Schale mit Obst eine Nektarine zu nehmen.

»Werde ich Sie wieder sehen?«

»Nein, ich glaube kaum, dass wir uns noch einmal begegnen werden.«

Ich wusste, er wollte gehen, aber ich wollte nicht, dass das Gespräch aufhörte. Ich hatte noch nie eine so lange Unterhaltung mit einem Neger gehabt.

»Also wirklich«, sagte ich mit einem Schulterzucken, »wo hat man schon mal so was gehört, dass man eines Morgens in die Küche kommt und dort einen hünenhaften Schwarzen antrifft, der frisch aus dem Wald gekommen ist und Frühstück möchte und dann wieder loszieht, wie ein Indianer?«

»Es ist wahrscheinlich nicht das erste Mal, dass so etwas passiert, und es wird wohl auch nicht das letzte Mal sein.«

Er beugte sich hinunter und tätschelte den Hund, der die ganze Zeit auf der Veranda in der Sonne geschlafen hatte, was ihm gar nicht ähnlich sieht. Und dann winkte er und war im Nu die Treppe hinunter, durch den starken, seichten Fluss gewatet und im Wald verschwunden.

Lange Zeit stand ich am Verandageländer. Meine Laune sank. Ich holte mein Fernglas und ließ noch eine Tasse Kaffee durchlaufen, was ich sonst nach dem Frühstück nie tue, zog Arthur Cleveland Bents *Drosseln, Goldhähnchen und ihre Verwandten* aus dem Regal und las die Absätze über das Rubingoldhähnchen nach.

Das Ersuchen der Wiideema

Zum Auftakt meiner Ausführungen heute Abend – und ich muss sagen, dass dies keine ganz hoffnungsvolle Rede werden wird, und bitte dafür um Entschuldigung – sollte ich wohl ein paar Erläuterungen dazu geben, wie es kam, dass ich bei den Wiideema lebte, oder zu leben versuchte.

Als ich mit den Feldstudien für meine Doktorarbeit bei den Navajo im amerikanischen Südwesten fertig war, ging es mir wie vielen Forschern, ich erkannte nämlich, dass ich hinterher weniger wusste als vorher. Das heißt, so vieles von dem, was ich anfangs für die objektive Wahrheit gehalten hatte – Dinge, die mir so selbstverständlich waren wie etwa Kopernikus' Anordnung der inneren Planeten –, wurde durch das Eintauchen in eine andere Epistemologie dermaßen verwässert, dass mir gleichzeitig die Dürftigkeit meiner eigenen Vorstellungen und die Unermesslichkeit des Paradoxen im Navajo-Denken aufging.

Lassen Sie es mich noch anders ausdrücken. Als ich meine Arbeit bei den Navajo abschloss – beziehungsweise, um sowohl genauer als auch ehrlicher zu sein, als ich bei den Navajo kapitulierte –, war mein tiefster Wunsch, jemand von ihnen hätte meine Art, die Welt zu sehen, erforscht. Ich wäre dann vielleicht besser im Stande gewesen, die Navajo auch geistig als vollwertige Mitmenschen zu akzeptieren, und wäre nicht, wie es so vielen von uns passiert ist, am Ende von meiner eigenen Kultur desillusioniert gewesen, ja fast daran verzweifelt. Ich glaube, ich hätte *unsere* Form des »Schönheitsweges« begreifen können, und in dem Sinne hätte ich mich neu in mein eigenes Volk verliebt.

Aber es kam nicht so. Meine Studien nach meiner Promotion führten mich hierher nach Austin, wo ich mich anheischig machte, etwas für mich völlig Neues zu erforschen, und zwar bei Menschen, die ich überhaupt erst *finden* musste, bei einem unentdeckten Volk. Auf Grund meiner Arbeit bei den Navajo – und um abermals ganz offen mit Ihnen zu sein, lernte ich zwar diese extrem schwierige Sprache flüssig sprechen und konnte zum Beispiel irgendwann den ganzen neuntägigen Gebetszyklus des »Segensweges« auswendig, doch diese Obsession kostete mich meine Ehe, meine beiden Kinder –, auf Grund dieser früheren Arbeit also erhielt ich Preise und Stipendien von der Wenner-Gren Foundation, der Kellogg Foundation, der University of Texas in Austin und dem Henry Solomon Memorial Trust. Diese finanzielle Unterstützung und die Hochachtung, mit der man mich an meinem Institut behandelte – meine Lehrverpflichtungen hier waren leicht zu bewältigen, und muss ich gestehen, so peinlich es ist, dass ich sie auch noch leicht *nahm* –, mit dieser ganzen Rückendeckung machte ich mich auf, einen Stamm zu finden, bei dem ich *einer* Idee auf den Grund gehen konnte – der Jagd.

Das gängige Urteil hierzu lautet freilich, dass es selbst in der wilderen südlichen Hemisphäre keine intakten Jägerkulturen mehr gibt – nicht in Afrika, nicht in Südamerika, nicht in Australien. Ich erfuhr jedoch durch einen Bekannten, dass möglicherweise noch ein paar kleine Jägerhorden ohne Kontakt zur Außenwelt in der westlichen Wüste Australiens lebten. Ich fuhr auf der Stelle hin. Ich will mich über diesen Teil kurz fassen. Eine wichtige Frage – warum diese Menschen, wenn es sie wirklich gibt, stören? – ignorierte ich geflissentlich. Ich verdrängte sie, muss ich Ihnen sagen, mit einer geradezu ungeheuren Willensanstrengung. Ich nutzte sämtliche akademischen Beziehungen aus, bis ich mich bei den Anthropologen so gut positioniert hatte, dass ich mit Genehmigung des Central (Aboriginal) Land Council eine kleine Expedition in eine Region Westaustraliens westlich der Tanamiwüste durchführen konnte, wo ich mir die größten Chancen ausrechnete, mit einer versprengten Jägerhorde in Kontakt zu kommen. Es ist jetzt ungefährlich, wenn auch immer noch kompromittierend, zuzugeben, dass ich sowohl meine Bekannten als auch das Land Council belog, um diese Expedition durchzusetzen. Ich war nicht, wie ich angab, daran interessiert, die letzten Zufluchtsorte seltener Beuteltiere auszukundschaften und das, was ich über ihre Biologie und Ökologie herausfinden konnte, mit Informationen zu vergleichen, die ich in Gesprächen mit Einheimischen sammeln und aus wissenschaftlichen Publikationen über ihre Jagdbräuche, Weltanschauungen, Mythen schöpfen wollte. Ich wollte ein unberührtes Volk finden und bei ihnen eine andere Idee verfolgen.

Als schließlich die Wiideema *uns* fanden – im Nordterritorium, um genau zu sein, nicht in Westaustralien, obwohl die Unterscheidung für sie natürlich keinerlei Bedeutung hatte –, war ich euphorisch. Sobald ich bemerkte, dass die Wiideema uns beschatteten – eine Tatsache, die ich als Letzter bemerkte, obwohl ich dachte, ich wäre der Erste –, fasste ich den Plan, meine weißen Gefährten und unsere eingeborenen Führer im Stich zu lassen. Im Schutz der Dunkelheit ging ich eines Nachts einfach aus dem Lager fort. Ich war noch keine Meile weit gekommen, als ich die Gegenwart anderer Menschen spürte, einen subtilen Druck. Und da standen sie schon wie dunkle Stöcke zwischen Büscheln von Stachelkopfgras im Sand. Es war wirklich so, als wären sie aus dem Nichts aufgetaucht.

Ich machte Zeichen, dass ich mich sehr gern ihnen anschließen würde. Wir marschierten in jener Nacht, bis ich vor Erschöpfung dem Delirium nahe war. Wir schliefen den ganzen nächsten Tag im Schatten einiger Felsen, marschierten die ganze folgende Nacht, und so ging es noch einmal zwei Tage. Aus meiner Erschöpfung wurde Ungeduld, aus Ungeduld Wut, aus Wut Verzweiflung und aus Verzweiflung Ergebung. Auf diese Weise ließen sie mir die Luft ab.

Die ganze Zeit über machte ich mir Notizen. Meine Stellung

in diesen ersten paar Wochen allerdings könnte man mit der eines Lagerhundes vergleichen. Ich erhielt Reste zu essen, bekam von einigen der älteren Frauen auf die Schulter geklopft, wurde angebrüllt und löste bei ganz normalen Verrichtungen großes Gelächter aus – etwa wenn ich in die Senkel meiner Stiefel einen Doppelknoten machte oder wenn ich die Verschnürungen eines Speerschaftes mit einer Handlupe untersuchte.

Eines Tages, nachdem ich mehr als genug hatte von alledem und auch nicht mehr als Zielscheibe von Streichen dienen wollte – die Kinder schikanierten mich genauso wie ihre Eltern und ließen ihre hartnäckige, aber letztlich unpersönliche Experimentierlust an mir aus –, trat ich einem der Männer, Karratumanta, zornig und herausfordernd gegenüber und brannte mit meiner Lupe ein rauchendes Loch in einen Eukalyptusast. Karratumanta blickte mich ausdruckslos an. Er hob einen Stein auf und warf ihn mit gewaltiger Kraft nach einem vorbeifliegenden kleinen Vogel. Der Stein traf den Vogel, einen Lerchensänger, und er fiel tot zu Boden. Karratumanta riss seine zwei winzigen Streifen Brustfleisch ab, aß sie auf und sah mich dann an, als wäre ich wahnsinnig, mir eine Überlegenheit anzumaßen.

Sie können sich sicher vorstellen, wie diese ersten Wochen weiter verliefen. Bei genauerem Nachdenken erkannte ich, dass meine weißen Gefährten und unsere Führer meine Pläne wahrscheinlich durchschaut hatten und dass sie überhaupt nicht daran dachten, nach mir zu suchen. Sie vertrauten wohl darauf, dass aus meinen fixen Ideen und meiner Hinterhältigkeit wenig Schaden und ein bisschen Gutes erwachsen würden. Ich hoffe, Sie werden am Ende der Meinung sein, dass sie damit Recht behielten.

In den Anfangstagen meiner Arbeit mit den Wiideema – ich sage »meine Arbeit«, denn es war Arbeit, mit ihnen Schritt zu halten – war ich, wie vorherzusehen war, von ihrer schier unglaublichen Vertrautheit mit den Gegenden, durch die wir kamen, völlig konsterniert. Sie wussten, dass alles, von einem Gebirgszug bis zu einem Insektenstich, eine Idee enthalten beziehungsweise dem menschlichen Leben von Nutzen sein konnte. Ich hatte diese hochgradige Verbundenheit mit dem Land, ein Maß an Zugehörigkeit, auf das die moderne Welt nur mit Neid blicken kann, erwartet, vielleicht allzu sehr; aber ich war nicht auf den Tag vorbereitet, an dem ich in ihren Unterhaltungen englische Worte aufschnappte. Die ersten Worte, die ich hörte, waren »diptych«, »quixotic« und »effervesce«, Worte, die obskur genug waren, um wie Wiideema-Ausdrücke zu klingen, im Gang des Gesprächs jedoch genauso betont und abgesetzt wurden, wie man es im Englischen machen würde. Doch es waren keine Wiideema-Worte. Über mehrere Tage hin hörte ich dann immer mehr Englisch, nicht bloß Worte, sondern Redewendungen und gelegentlich ganze Sätze. Was da vor sich ging, war so sonderbar, dass ich gar nicht danach fragen mochte. Wenn ich in meinen Jahren als Feldforscher eines gelernt habe, dann ist es dies, nicht sofort die nächstliegende Frage zu stellen. Warte, dann siehst du das ganze Geschehen oft deutlicher.

Als ich fast alles verstand, was gesagt wurde, wenn auch auf eine Art, wie ich nie zuvor Englisch verstanden hatte, fragte ich Yumbultjaturra, eine der Frauen: »Wo hast du Englisch sprechen gelernt?« »Was ist das, ›Englisch‹, der Name deiner Sprache?«

»Es ist das, was wir gerade sprechen.«

»Nein, nein«, sagte sie lächelnd. »Wir sprechen einfach. Du, *du*, denke ich, sprichst das vielleicht.«

»Aber wir können uns verstehen. Wie sollen wir uns verstehen können, wenn wir nicht beide Englisch sprechen würden?«

»Wir können uns verstehen, weil – wie soll ich dir das erklären? – weil wir keine fremde Sprache haben. Du verstehst, was ich sage, nicht wahr?«

»Ja.«

»Am Anfang aber nicht.«

»Ja, stimmt.«

»Wir jedoch«, sagte sie, »haben dich gleich verstanden.«

»Von Anfang an? Warum habt ihr dann nie meine Fragen beantwortet, warum habt ihr nicht mit mir gesprochen?«

»Wir haben die ganze Zeit mit dir gesprochen«, erklärte sie. »Und verzeih mir, aber deine Fragen waren nicht gerade berauschend. Und um die Wahrheit zu sagen, niemand hatte Lust, mit dir zu sprechen, ehe du nicht mit diesen Fragen aufhörtest. Man könnte sagen, dass das ein striktes Gebot bei uns ist – zuhören.«

Unser Gespräch ging fünf oder zehn Minuten auf diese Art weiter, bis ich begriff, was sie tat. Sie sprach tatsächlich nicht Englisch. Man konnte nicht einmal zutreffend behaupten, dass sie Wiideema sprach. Sie sprach einfach, so wie ein Vogel spricht oder ein Bach, wie ein Fisch spricht oder der Wind im Gras raschelt. Wenn ich mich beim Zuhören anspannte, verstand ich sie schlechter. Je mehr ich mir die Situation logisch zu erklären versuchte, umso weniger konnte ich mich verständigen. Um zu verstehen und verstanden zu werden, akzeptierte ich schließlich einfach die Tatsache, dass wir einander verstehen konnten.

Ich kann mir vorstellen, womit Sie jetzt vielleicht rechnen – aber es kam nicht dazu. Ich führte keine intellektuellen Gespräche mit den Leuten, mit denen ich wanderte. Wir erörterten und verglichen keine Kosmologien. Ich versuchte nicht herauszufinden, ob die großen Metaphern meiner Kultur – Entropie, um ein Beispiel zu nennen, oder Haushalt als Natur – Entsprechungen in der Wiideema-Kultur hatten. Ich besprach mit ihnen keine philosophischen Themen, etwa Gandhis *ahimsa* oder die Möglichkeit allgemeiner Gerechtigkeit. Keine aufklärerischen Reden von allgemeiner Menschenwürde. Ich wanderte einfach. Ich sog das Land in mich ein, nicht viel anders als ich Luft in meine Lungen sog. Oder Wasser trank. Ich hörte mit meinen neugierigen Fragen auf. Und ich konnte schließlich die Wiideema als eine Spielart von etwas sehen, von dem die Angehörigen meiner eigenen Kultur eine andere Spielart waren. Was wir teilten – und woraus mir eine Freude erwuchs, wie ich sie heftiger nie empfunden habe – war nicht allein Nahrung und eine gemeinsame Feuerstelle, menschliche Berührung, kleine Geschenke, Dinge, mit denen ich gerechnet hätte, sondern vor allem ein Gefühl der Gefahr. Das Gefühl, dass es gefährlich war zu leben.

Ich meine hier mit Gefahr nicht Giftschlangen oder kein Wasser, auch nicht bloß, dass man im Schlaf erschlagen werden konnte; dies alles kam vor. Das Gefühl der Gefahr, das wir teilten, kam daher, dass wir uns auf das Bewusstsein eingelassen hatten. Das menschliche Bewusstsein lockt uns alle. Meine Wiideema-Gefährten, argwöhnisch wie wilde Tiere, hatten sich nicht ganz darauf eingelassen. Dabei verpönten sie Erkenntnis keineswegs, und es war auch nicht so, dass sie nie nachdenklich gewesen wären oder interessiert an Ideen oder andern Abstraktionen. Aber ihre Vorbehalte hatten sie eine andere Richtung einschlagen lassen. Alles, was sie wussten, alles, was sie glaubten oder sich vorstellten, fassten sie in Geschichten. Geschichten waren für sie die einzig verlässlichen Gefäße für etwaige Aufschlüsse, die ihnen das Bewusstsein, in unserem Sinne, über das Leben verschafft haben mochte. Oder lassen Sie es mich anders sagen. Wenn ich meine Phantasie, im Unterschied zu meinem Verstand, mit ihren Geschichten zusammenbrachte, nachdem ich meinen Körper der Nahrung, dem Wasser, Licht, Wind und Sand der Wiideema ausgesetzt hatte, entdeckte ich in diesen Geschichten genauso viel, wie ich in der tiefsten und schönsten abendländischen Formulierung einer Idee oder eines Geschehens, die ich kenne, zu finden hoffen konnte.

Ich verließ die Wiideema schließlich – eine entsetzlich schwer geborene Entscheidung –, weil ich die Gleichgültigkeit gegenüber Gewalt, zu der sie fähig waren, nicht aufbringen konnte. Mehrmals begegneten die vierzehn Leute, mit denen ich zog, andern Gruppen. Oft waren diese Begegnungen freundlich, aber dreimal nahmen sie einen tödlichen Ausgang. Jemand wurde umgebracht. Und dann fing das Leben wieder von vorne an. Auf beängstigende Weise ähnelte das dem Jagen. Ein Tier wurde getötet und verzehrt, und alle waren neu gestärkt. Wo für sie der Unterschied war, wo sie emotional und moralisch den Trennstrich zwischen menschlichem und tierischem Tod zogen, war für mich mit meiner abendländischen Sicht der Dinge nicht auszumachen und mit meiner unentwickelten Wiidema-Sicht nicht nachzuempfinden. Sie waren bereit, in ihrem Leben viel mehr Leid auf sich zu nehmen – durch Hitze, Hunger, Durst, Wunden –, als ich ertragen konnte. Und Morde weckten in ihnen, so weit ich sehen konnte, nichts als Vergeltungsgedanken.

Am Ende war ich nicht der Ansicht, dass die Wiideema auf einer niedrigeren Stufe lebten als wir oder dass sie, erhaben in ihrer unendlich einfallsreichen Geschichtenwelt, auf einer höheren Stufe lebten. Ich betrachtete sie als Mitmenschen auf der selben Stufe, die sich auf andere Art gegen die tödlichen Paradoxien des Lebens abschirmten.

Als ich die Wiideema verließ, geschah es auf die gleiche Art, wie ich gekommen war, indem ich in der Nacht aufstand und fortging, nur diesmal verstand ich, dass das nur ein Ritual war, dass mein Weggang nicht unbemerkt blieb. Ich hatte genug gelernt, um allein in der Wüste zurechtzukommen, sofern die Bedingungen nicht wirklich extrem wurden. Ich marschierte am Yinapaka los, einem ganzjährig wasserhaltigen See im trockenen Bett des Lander River, und traf irgendwann auf eine Gruppe von Warlpiri, die mich nach Willowra brachten. Von dort kam ich nach Hause.

Was ich zu finden hoffte, als ich vor zweieinhalb Jahren von Austin aufbrach, war ein Volk ohne Kontakt zur Außenwelt, bei dem ich die Jagd auf Tiere erforschen konnte. Ich war neugierig, wie Menschen sich emotional und spirituell – wenn Sie mir dieses ungenaue Wort gestatten – an das tägliche Töten gewöhnen, die ständige Auslöschung von Leben, wie ich es sah. Ich fürchtete, dass ich in meiner Beschäftigung mit den Navajo, einem bis zum Erbrechen erforschten Stamm, nichts anderes erfuhr als eine Abart dessen, was ich oder andere schon wussten. Was ich erkannte, als ich mit den Wiideema zog, war, dass ihr Gefühlsleben, ihre Spiritualität, unerforschlich war. Wenn wir Kängurus töteten und brieten, konnte ich nur meine eigene innere Einstellung befragen, meine eigenen Gefühle prüfen.

Am Ende suchte ich schlicht die Gemeinschaft mit den Wiideema, keine Gründe, keine Erklärungen.

Ich muss sagen, so merkwürdig es klingen mag, dass das bisschen echtes Wissen, mit dem ich zurückgekehrt bin, uns bereits bekannt ist – nämlich dass wir und die Wiideema die gleichen unlöslichen Schwierigkeiten gemein haben, mit denen wir jeden Tag fertig werden müssen. Und dass die Zeit einer allen Menschen gemeinsamen Sprache immer *jetzt* ist, kein *damals*. (Was meines Erachtens tatsächlich geschieht, ist, dass Menschen einfach ihre eigene Sprache sprechen, aber sie wird von jedem Zuhörer deutlich verstanden.)

Ich wollte vor zweieinhalb Jahren ein anderes Wissen erwerben, die Weisheit, wie man sagt, eines Urvolks. Eines Tages tötete mein Freund Karratumanta einen Mann namens Ketjimidji. Er bohrte ihm blitzschnell ohne Vorwarnung den Speer durch die Lungen. Wir standen zu sechst oder siebt zusammen, als es geschah. Wir waren uns auf einem Pfad begegnet – Ketjimidjis Leute kamen gerade von einem Tümpel oder Wasserloch, auf das unsere Gruppe zuging. Niemand erhob die Stimme. Kein Streit brach aus. Auf den Totschlag – Karratumanta ließ den aufgespießten Ketjimidji geschickt und seelenruhig am Speer zappeln, bis er zu Boden ging und sich nicht mehr rührte – folgte eine unnatürliche Stille. Ketjimidjis Leute zogen mit der Leiche ab, und wir gingen weiter zum Tümpel. In den Momenten unmittelbar nach dem Totschlag spürte ich nichts, aber bald schon rang ich nach Luft. Mir war zu Mute, als ob mir alle Knochen im Gesicht zersprungen wären.

Ngatijimpa, eine von Karratumantas Töchtern, kam in jener Nacht zu mir und erzählte mir eine Geschichte. Sie hatte, so weit ich sehen konnte, nichts mit dem zu tun, was vorgefallen war. Es war eine aus einer langen Reihe von Geschichten über die Fahrten Pakurus, des goldenen Bandiktus. Sie bot mir, verstand ich schließlich, keine Allegorie oder Erklärung an, sondern nur eine Geschichte, die, ganz wie beabsichtigt, auf mysteriöse Weise das Grauen von mir nahm. Ich schlief. Aber ich erinnerte mich. Und meine Nächte danach waren unruhig, weil ich mich erinnerte. Ich konnte nicht davon geheilt werden, falls dies das richtige Wort ist.

Karratumanta, einer meiner Lehrer, hatte mich nach dem tödlichen Speerstoß taumeln sehen und sagte: »Ich werde nicht dein Märtyrer sein.«

Viele Monate später wurde ich mit Blut bespritzt, als ein anderer direkt vor mir im Kampf getötet wurde. Wieder kam Ngatijimpa zu mir. Sie erzählte mir einen anderen Teil der Geschichte von Pakuru und seinen Fahrten, und unter dem beruhigenden Einfluss der Geschichte schlief ich tief und fest. Ngatijimpa war jung, ein Mädchen erst, aber sie war redegewandt und wusste die Weisheit, die sie weitergab, wirksam zu gebrauchen.

Ich schulde denen, die mich unterstützt haben, einen exakten und detaillierten Bericht über meine Monate bei den Wiideema, eine wissenschaftliche Arbeit, die glasklar in ihren Aussagen, empirisch fundiert und maßvoll in ihren Schlussfolgerungen ist. Ich habe mit dieser Arbeit angefangen und bin damit, einigermaßen zu meiner Überraschung, vorangekommen. Ich beschreibe darin Jagdtechniken, das Verhalten von Wüstentieren; aber was mich wirklich beschäftigt, Tag und Nacht, ist die Frage, was ich den Wiideema geben kann. Solche Fragen gelebter Verbundenheit bedrängen uns, glaube ich, alle – wie können wir ein Geschenk erwidern, wie kommen wir der unausgesprochenen Bitte unserer Mitmenschen nach, die Wahrheit zu sagen? Was ich hier tun möchte, die Gegengabe, die ich mir vorgenommen habe, ist, die Geschichte von Kain neu zu schreiben. Ich möchte dafür eine Sprache finden, die Hoffnung statt Verurteilung bietet, in der nicht Aggression und Rache im Vordergrund stehen, sondern das Rätsel der menschlichen Angst.

Ich weiß nicht, ob es mir gelingen wird oder, wenn ja, ob ein solches Gelingen irgendwie von Bedeutung sein wird. Aber nachdem ich eine Zeit bei den Wiideema verbringen durfte, möchte ich jetzt verstehen, was haushälterische Sorge heißt.

Heimkehr

Oh, Maddy. Er sagte es beinahe laut. Das Mädchen hatte sich vor Blauen Schwertlilien hingekauert und betrachtete sie wie in Erwartung, sie gleich sprechen zu hören. In dem Moment liebte er sie sehr und spürte das Gewicht seiner Abwesenheiten wie eine steinerne Last auf seinem Rücken. Sie lief ungeduldig voraus. »Madelon, Madelon«, murmelte er, und sein Herz ergraute vor Selbstanklage.

Im Herbst 1985 gelangte Wick Colter auf der Grundlage eines einzigen Aufsatzes im *International Journal of Tropical Plant Ecology* zu einem internationalen Ansehen, wie es nur wenige seiner Lehrer – und keiner seiner Kommilitonen – genossen. Er hatte die Reaktion vorausgesehen, und er nahm die Glückwünsche seiner Kollegen mit einstudierter Artigkeit entgegen, sehr darauf bedacht, sich nicht in unkluger Weise von seiner eigenen Leistung begeistert zu zeigen. Die Veröffentlichung des Aufsatzes zog einen anschwellenden Strom von Einladungen zu Vorträgen und Beratungstätigkeiten nach sich, einige davon prestigeträchtig und viele lukrativ.

Colters glücklicher Weg – nach der Promotion an der Oregon State University bot man ihm eine Stelle am Fachbereich an, die er annahm; mit seinen Vortrags- und Beraterhonoraren konnte er sein Einkommen verdoppeln; die Eltern seiner Frau halfen ihnen, zehn Hektar Land am Calapooia River in den Ausläufern der Cascades zu kaufen –, dieser Weg zum

Glück begann für Colter ganz zufällig. Eines Vormittags war er gerade dabei, im Büro einer Botanikprofessorin die Regale nach einem bestimmten Buch zu durchstöbern, als das Telefon klingelte. Es war eine Studentin von einer andern Universität, die mitteilte, dass sie nicht auf eine Exkursion nach Peru mitkommen konnte, die in vier Tagen losgehen sollte. Nachdem sie aufgelegt hatte, fragte die Professorin, eher pro forma, ob Colter nicht für die Studentin einspringen wolle. Er sagte Ja, obwohl er keinen zwingenden Grund hatte, mitzufahren. Er beschrieb es später als Intuition.

Colter bastelte sich in den paar Tagen ein Forschungsprojekt zurecht, kaufte und borgte sich eine Ausrüstung zusammen und war rechtzeitig zur Abfahrt mit den andern zur Stelle. Sie flogen nach Lima, dann nach Pucallpa am Río Ucayali. Vom Fluss aus brachen sie in den Urwald auf, in ein Gebiet nahe der brasilianischen Grenze. Colter sammelte in den drei Wochen Pflanzen aus der Familie der Comistelliacae, viele davon in der Gattung Ellox. Er hatte sich sagen lassen, Comistelliacae sei eine verworrene Familie, ihrer Taxonomie werde die Aufmerksamkeit eines Forschers sehr zugute kommen, auch wenn er nur so oberflächliche Kenntnisse von Pflanzenevolution hatte wie er.

Colter sammelte mit einer Hingebung und Konzentration und mit einer Unermüdlichkeit, die die andern Doktoranden beängstigend fanden. Nach der Rückkehr an die Oregon State schrieb Colter unverzüglich jeden Wissenschaftler an, der etwas über die Evolutionsgeschichte der Comistelliacae verfasst hatte. Er fand heraus, dass drei Botaniker gerade mit revidierten Beschreibungen dreier verschiedener Comistelliacaegattungen fertig geworden waren; doch keiner der drei wusste, dass die anderen beiden ihre Arbeit abgeschlossen hatten, deren Publikation bei allen unmittelbar bevorstand. Colter bekam auch Antwort von zwei Pflanzenökologen aus Nigeria, deren Revisionen der Systematik dreier verschiedener Pflanzenfamilien in der übergreifenden Ordnung Rolandalien kurz vor der Veröffentlichung standen. Colter wartete, bis alle vier Artikel erschienen waren – einer in einer sehr obskuren Zeitschrift und zwei der drei andern in ausländischen Periodika –, bevor er seinen Aufsatz beim *International Journal of Tropical Plant Ecology* einreichte.

Colters Vorschläge zur Revision der einen Gattung Ellox machten den Kern seines Aufsatzes aus. In seinen abschließenden Bemerkungen jedoch zog er die Arbeit der andern fünf Wissenschaftler zu einer faktischen Neudefinition der Comistelliacae zusammen, der Familie, zu der Ellox gehörte. Viel vorsichtiger, aber sehr effektiv definierte er die Rolandalien neu, die Ordnung, in der die Comistelliacae die bestimmende Familie waren. Es war ein gewissenhafter und intelligenter Artikel, aber er wäre nicht annähernd so bedeutend gewesen, hätte Colter nicht von dem ungewöhnlichen Zusammentreffen aufschlussreicher Veröffentlichungen in seinem eng begrenzten Gebiet profitiert und hätten die anderen Wissenschaftler nicht so gute Arbeit geleistet.

Dass Colters Artikel durch einen überaus glücklichen Zufall berühmt wurde, tat seinem wissenschaftlichen Ansehen keinen Abbruch – außer bei denen, die es ihm neideten. Lobenswerterweise führte Colter die Arbeit an der Systematik der Rolandalien tatkräftig fort, wobei er sich die Stellung, zu der er aufgestiegen war, voll zu Nutze machte.

In den Monaten und Jahren nach der Veröffentlichung seines Aufsatzes ging Colter immer häufiger auf Reisen. Um Pflanzen zu sammeln, unternahm er wiederholt Fahrten nach Peru, nach Westafrika, nach Indonesien. Er flog zu Tagungen in Europa, in Südamerika, in Japan. Er hatte nicht vorgehabt, alles andere in seinem Leben zu vernachlässigen; er sah sich durch die Bedeutung seiner Arbeit und das wachsende Bewusstsein seines Einflusses dazu gezwungen. Aber Stückchen für Stückchen begann die Verbindung zu seiner Familie zu bröckeln, und seine Präsenz in der Universität wurde zusehends geringer. Zur Verteidigung führte er sein Ansehen ins Feld, wenn er sich bei seiner Frau für seine langen und wiederholten Abwesenheiten entschuldigte, sie aber gleichzeitig für unumgänglich erklärte, und wenn er sich der Gremienarbeit an der Universität wieder einmal entzog.

Als Madelon zur Welt kam, glaubte Colter, das Kind werde den Leerraum ausfüllen, den er zu Hause hinterlassen hatte; als er einsah, wie absurd das war, fühlte er sich von seiner eigenen Dummheit gedemütigt, von der Voreiligkeit und Flachheit seiner Spekulationen. Als seine Doktoranden anfingen, ihn zu unterbrechen, wenn er spätnachts im Herbarium forschte, wurde ihm klar, dass die Störungen die Folge seiner eigenen Pflichtvergessenheit waren, seiner selten eingehaltenen Sprechzeiten.

Colter war nicht bereit sich zu ändern. Er genoss die Hochachtung, die ihm außerhalb seiner Familie und der Universität gezollt wurde, die Gefälligkeiten, die ihm von Fremden erwiesen wurden. Es machte ihm Schuldgefühle, dass er seine Studenten vernachlässigte, dass er sich davor drückte, in Universitätsausschüssen mitzuarbeiten, und noch hartnäckigere Schuldgefühle machte es ihm, dass seine Tochter ihn so selten sah und dass die Verantwortung für das Haus fast ausschließlich auf seiner Frau lastete. Doch er lernte mit seinen Gewissensbissen, seinem sträflichen Verhalten, zu leben. Mit neunundzwanzig eine Berühmtheit, gierte er weiter nach Anerkennung.

»Was ist das, Papa?«, Madelon deutete auf einen Tuff blasslila Blüten.
»Das ist Bitterkresse, Liebes. Cardamine pulcherrima.«
»Und das, was ist das?«
»Das…« Der Name wollte ihm nicht einfallen. Er musste überlegen. Auch dann war er sich nicht sicher. »Das ist Winterportulak. Claytonia perfoliata. Kannst du das sagen, Claytonia perfoliata?«
Das Mädchen sprach die Worte mühelos nach.
Sie spazierten weiter zusammen auf einem Pfad durch den Wald, das Mädchen Meter voraus. Er kam an einem Horst Helmkraut vorbei, violette Blüten, die ihn an Lupinen erinnerten, aber weder der volkstümliche noch der wissenschaftliche Name woll-

ten ihm einfallen. Auf dem Nachhauseweg war er in Gedanken versunken; offensichtlich hatte er die Namen von einem halben Dutzend oder mehr Blumen vergessen, die vor seiner Haustür wuchsen. Sein Gedächtnis, erkannte er, war auf die hundert Kategorien und Unterkategorien von Rolandalien geeicht.

»Maddy!«, rief er, »hier, bring die deiner Mutter!« Er hielt ihr einen Strauß Indianerröschen hin.

»Mama sagt, wir sollen im Wald keine Blumen pflücken«, sagte das Mädchen zaghaft.

»Hör mal, Papa kennt sich mit Blumen aus, und Papa weiß, welche man pflücken darf und wie man sie pflücken muss, dass sie nächstes Jahr wiederkommen. Also keine Sorge.«

»Wir haben Blumen im Garten, Papa.«

»Nimm die Blumen, Madelon! Und gib sie deiner Mutter!«

»Ja, Papa.«

Er kam sich vor dem Kind hohl und herrisch vor. Er wollte ihre Vergebung, für das Pflücken der Blumen und mehr, für seine Achtlosigkeit.

Die Gereiztheit, die in Wick Colter kam und ging, führte dazu, dass er gemieden wurde. Er meinte, die Leute mieden ihn, weil er ihren Ansprüchen nicht gerecht wurde, und so arbeitete er noch besessener, verfolgte abseitige und spitzfindige Ansätze, allein um Eindruck zu machen. Die Artikel, die aus dieser Arbeit hervorgingen, fanden bei den Kollegen keinen Anklang. Er fasste das Ausbleiben ihrer Bestätigung als Zeichen dafür auf, dass sie von ihm enttäuscht waren, was allein schon das Ausmaß seiner Egozentrik deutlich machte. Er dachte zusehends weniger an sein Weiterkommen und mehr an eine Möglichkeit abzuspringen.

»Ich habe daran gedacht zu kündigen«, sagte er eines Nachts im Bett zu seiner Frau.

»Zu kündigen?«

»Ich habe in den letzten zwei Jahren erbärmlich wenig geleistet. Im Grunde benutze ich die Stelle nur. Es ist unredlich.«

»Wick, falls du ...«

»Nein, schon gut. Mit mir ist alles in Ordnung. Ich denke daran, mit Terry Rademon ein Unternehmen zu gründen. Ich habe dir ja schon mal was davon erzählt. Ein paar von diesen Pflanzen, mit denen wir uns beschäftigen, lassen sich kommerziell zur Aufforstung in Brasilien züchten.«

Sie gab keine Antwort. Er fühlte das kalte Bohren ihres Zweifels und das wackelige Gerüst seiner Selbsttäuschung. Er setzte noch einmal an.

»Weißt du, neulich im Wald, da fielen mir von einem halben Dutzend Pflanzen die Namen nicht ein. Mattscheibe. Mir war, als wäre ich schon jahrelang nicht mehr im Wald gewesen.«

»Das bist du auch nicht.«

»Mensch, erzähl das bloß nicht weiter.«

»Sei nicht zynisch. Du bist nicht im Wald gewesen. Es ist jetzt Maddy, die sich auskennt. Sie kennt jede Pflanze, die hier wächst. Sie fragt dich, wie sie heißen, um dir eine Freude zu machen.«

»Danke schön.«

»Was willst du von uns, Wick?« Sie war wütend und rollte sich zu ihm herum. »Wir leben hier, du nicht.«

»Das ist auch mein Zuhause«, sagte er.

»Es ist irgendein Haus, in dem du dich aufhältst. Dein Leben findet irgendwo da draußen statt, in Jakarta oder Manaus, oder im Herbarium. Du weißt nicht mehr, siehst nicht mehr, wo du lebst. Dieses ganze Prestige, das du brauchst – was haben wir davon? Wozu ist es gut? Was hilft es deiner Tochter, wo sie doch weiß, wie wenig sich ihr Vater in seinem eigenen Wald auskennt? Und wenn du ein Wort über dein Einkommen sagst, knall ich dir eine.«

»Ich verstehe, Alice. Glaub mir, ich verstehe, was du sagen willst.«

»Tatsächlich? Verstehst du, dass du die Liebe deiner Tochter eingetauscht hast gegen dieses *Ding*, diese Autorität, die du hast? Darum dreht sich dein Leben – nicht um Madelon, nicht um mich, nicht um dein Zuhause.«

»Ich glaube nicht, dass das den Sachverhalt ganz trifft. Eigentlich ist mir ziemlich mulmig zu Mute, weil diese letzten Aufsätze –«

»Jetzt hör mal zu! Als du jung warst und hier aufgewachsen bist, konntest du jede Pflanze in diesen Wäldern beschreiben. Du konntest sie im Dunkeln erkennen. Im Dunkeln! Erinnerst du dich an die Nacht, als wir ohne Scheinwerfer den Quartz Creek hochgefahren sind? Du hast sie alle mit Namen genannt – Perlpfötchen, Schmalblättriges Weidenröschen, Lanzettkratzdistel, Purpurglöckchen. Du hast sie an ihren Schatten erkannt, an der Art, wie sie sich im Wind neigten. Damals warst du *hier*. Wenn du dich jetzt umschaust, gehört das alles nicht mehr zu dir. Warum sollten sie sich an dich erinnern, wenn du dich nicht mehr an sie erinnerst?«

»Wer, was?«

»Diese Pflanzen. Was zwischen euch gewachsen war. *Das* verrätst du, *das* hast du benutzt, um dahin zu kommen, wo du jetzt bist. Was wäre, wenn sie die Macht hätten, dich einfach zu vergessen?«

»Ist das dein Ernst?«

»Mein voller Ernst.«

Colter lag still, lauschte auf seinen Atem.

»Es könnte mir nicht ernster sein«, sagte sie und legte sich entnervt den Arm über die Stirn.

In der Stille, die folgte, bemühte sich Colter, wie schon seit Jahren nicht mehr, eine innere Tür aufzumachen, mit der er sich vor Verwicklungen und Streit geschützt hatte. Ihm war zu Mute, als versuchte er durch seinen Brustkasten zu brechen. Er erinnerte sich an Marilyn Webber. Er hatte Alice nie davon erzählt. Auch nicht von Janet Carson. Er hatte mit jeder der beiden Frauen eine einzige Nacht verbracht, mehr war nicht gewesen. Es war keine Liebe, hatte er sich damals zu seiner Verteidigung gesagt, aber später machte es das Bewusstsein der Untreue nur noch schlimmer.

»Alice, weißt du, wo der Haskin ist?«

»Haskin?«
»Das Blumenbuch.«
»Es ist in Madelons Zimmer. In dem Bücherregal auf ihrem Tisch.«

»Ich bin gleich wieder da«, sagte er. Er zog sich Hemd und Hose an und schlüpfte ohne Strümpfe in seine Schuhe. Der Rücken von Haskins *Wildblumen der Pazifikküste* schimmerte im Schein des Nachtlichts auf dem kleinen Tisch seiner Tochter. Er kniete sich neben ihr Bett. »Bitte, Maddy! Vergib mir!«, flüsterte er. Er stand auf und ging leise aus dem Zimmer.

Er saß eine halbe Stunde am Küchentisch, sah sich die Fotos an und las die Beschreibungen und Namen der Blumen auf den abgegriffenen Seiten. Er klappte das Buch zu, holte eine Taschenlampe aus einer Küchenschublade und ging hinaus. Hinter einer Wolkendecke stand der volle Mond. Der Rasen war taufeucht. Als seine Augen sich umgewöhnt hatten, schlug er den Weg ein, den er Tage zuvor mit seiner Tochter gegangen war. Die ersten Blumen, die ihm begegneten, waren westliche Waldlilien. Er bückte sich und betastete die Blätter, die letzten paar verwelkten Blätter, einst weiß, jetzt rötlich. Als Nächstes kam er an einen Hort Germer. Er sah ihn am Wegrand im fahlen Licht. Der Wald wurde dunkler. An mehreren Stellen kauerte er auf dem Pfad nieder, aber er musste die Blumen raten, die ihm unter die suchenden Hände kamen.

Auf einer Lichtung war es etwas heller. Er erkannte Kohlportulak und Waldsauerklee. Er legte sich hin, hielt das Gesicht dicht an die Erde und atmete den kalten, feuchten Duft ein, der dort strömte. Er spürte die Stacheln von langen Brombeerranken an seinem Handgelenk. Seine behutsamen Finger fanden die hängenden Blüten des Tränenden Herzens. Er erinnerte sich, wie er das erste Mal Korallenwurz erspäht, das erste Mal Hirschkopforchideen gerochen hatte.

Er blieb auf der Lichtung liegen, bis er steif von der Nachtluft war, dann stand er auf und ging zum Haus zurück. Er tat die unbenutzte Taschenlampe wieder in die Schublade, las im

Stehen noch ein paar Seiten in Haskins Buch, dann machte er das Licht aus und ging nach oben. Er war schon einige Minuten wieder im Bett, ehe seine Frau redete.

»Weißt du, was sie heute gefunden hat?«, fragte Alice.

»Was?«

»Eburophyton austinae. Sie hat mich hingebracht. Ich hatte noch nie eine gesehen.«

Wick Colter erinnerte sich genau an die Seite im Haskin, an den Absatz über die Bleiche Phantomorchidee, den er als Junge auswendig gelernt hatte: »Sie ist wahrlich ein Phantom, nach dem man unter Umständen viele Jahre sucht, und dann, wenn man es am wenigsten erwartet, steht sie plötzlich in einer dämmerigen Waldschneise vor einem, ein Inbild milden, weißen Liebreizes, das unvergesslich bleibt, wenn man es einmal gesehen hat.«

»Ich auch nicht«, sagte er.

Er fühlte die gerade Handkante seiner Frau an seinem Schenkel. »Du brauchst sie nur zu fragen.«

»Ja«, antwortete er, »aber es könnte leicht mehr daraus werden, wenn ich heimkehren sollte.«

War es die Nacht allein, die am offenen Fenster wachte?, fragte er sich.

»Du riechst nach Wald«, sagte sie.

Sonora

Nahe der Spitze des Golfo de California, an der Küste von Sonora südlich von Cabo Tepoca, läuft der Gran Desierto in ein schmales Ende aus, und eine in ihrem Charakter unbestimmte Landschaft trockener Barrancas, hier und da mit spärlicher Wasserführung, schließt sich an. An diesem verlassenen Küstenstrich hatte sich der mexikanische Philanthrop und Unternehmer Ochetó de Mismas auf einem Anwesen von fünftausend Hektar ein komfortables Haus im Missionsstil gebaut, das er zehn- oder zwölfmal im Jahr anflog, um ein paar Tage auszuspannen und im Golf zu schwimmen.

Zu de Mismas' vielen Interessen zählten auch die Naturwissenschaften, und er besuchte manchmal internationale Tagungen, um sich die Vorträge anzuhören. Auf einer 1988 in Mexico City abgehaltenen Tagung von Wissenschaftlern und Ingenieuren, die sich mit komplizierten mathematischen Beschreibungen von Turbulenzen in Flüssigkeiten befassten, beeindruckten de Mismas die Ausführungen eines tauben jungen Kanadiers namens Glenn Wycliff, der seine Laufbahn als Privatschüler von Ralph Bagnold begonnen hatte, dem bedeutenden englischen Theoretiker der Dynamik von Sandbewegungen durch Windeinfluss. In seiner Tagungsvorlage »Die doppelbögige Oberfläche von Barchanen in al-Charidschah« beschrieb Wycliff Dünen nahe einer Oasenkette in Südägypten in einer Sprache, die für einen wissenschaftlichen Vortrag geradezu unerhört sinnlich war. Er befremdete damit seine wissenschaftlichen Kollegen ebenso wie vorher bereits seinen berühmten Mentor; de Mismas aber fand Wycliffs Anspielungen erregend und stimulierend. Er lud ihn zum Essen ein. Beim Nachtisch überrumpelte er den jungen Wissenschaftler mit einem Angebot. Auf seinem Landsitz an der Küste von Sonora, sagte de Mismas, gebe es eine isolierte Dünenkolonie. Er sei kein Experte, betonte er, aber diese Dünen kämen ihm wie eine merkwürdige Kreuzung zwischen Küstendünen und den Draa-, Sif- und Barchandünen der Binnenwüsten vor. Ob Wycliff Interesse habe, sie zu untersuchen, ihre Form und ihr Wanderverhalten? Er könnte für die Zeit in de Mismas' Haus wohnen, Telefon und Fax benutzen und würde darüber hinaus ein Stipendium erhalten. Ungefähr alle zehn Tage würde de Mismas einen Mann aus Puerto de Lobos im Norden mit frischen Lebensmitteln schicken. Wycliff war überwältigt und nahm an. Die beiden Männer umarmten sich.

Selbst eine Hörhilfe in jedem Ohr nützte Wycliff kaum etwas. Er litt an einer fortschreitenden Verkümmerung des Hörnervs, einer unheilbaren Erkrankung, die aber seine Arbeit bis dahin kaum behindert hatte. Bedauerlich fand er nur, dass der Anreiz, Sanddünen zu erforschen, ursprünglich gar nicht das erstauliche Zeugnis gewesen war, das sie vom Fegen und Streicheln des Windes ablegten, sondern der Ton, den Dünen machten, ein anhaltendes, vibrierendes Dröhnen, das von ihnen ausging wie von darunter begrabenen Kirchenglocken. Das Phänomen war wenig erforscht, seine Ursache unbekannt. Aufnahmen, die Wycliff seinerzeit gehört hatte, hatten ihn erstaunt und dann nicht mehr losgelassen; aber der allmähliche Verlust seines Hörvermögens hatte ihn in eine andere Richtung gewiesen, auf die Untersuchung der verschiedenen Bogenformen, die Winde in Dünenfeldern und auf der Oberfläche von Dünenmeeren erzeugen. Die Dünen in Sonora würden ihm die Gelegenheit geben, ein System zu studieren, das geografisch isoliert war und, laut de Mismas' Beschreibung, weder von Pflanzenwachstum noch von kreuz und quer laufenden Viehpfaden beeinträchtigt.

Wycliff erklärte de Mismas, er müsse noch bis zum Ende des

Studienjahres einer Lehrverpflichtung an der University of Leeds nachkommen, doch in ein paar Monaten könne er dann auf die Estancia in Sonora ziehen. De Mismas sagte, er werde ihn mit Freuden mehrere Jahre lang unterstützen, Wycliff solle sich jemanden zur Gesellschaft mitbringen, wenn er wolle, und er, de Mismas, werde gelegentlich zu Besuch kommen, aber nicht oft. Vielleicht, fügte er vorschlagshalber hinzu, werde Wycliff in solchen Zeiten ein paar Tage forschen gehen wollen. Wycliff erklärte sich begeistert mit allem einverstanden, aber auf dem Rückflug nach Leeds wurde, was in de Mismas' Gegenwart als ideales Arrangement erschienen war, auf einmal problematisch. Er wusste niemanden, keine Frau, die mit ihm kommen würde, und die Vorstellung, so viele Monate allein zu sein, war ihm nicht ganz geheuer. Mit abnehmendem Hörvermögen war auch der Kreis seiner Freunde kleiner geworden. Es konnte sein, dass er zuletzt völlig gehörlos wurde, während er in dem Haus wohnte; er fragte sich, ob er in dem Fall die flache, tonlose Stimme der Stocktauben bekommen würde, ohne es zu merken. Dann würde er das bisschen Gesellschaftsfähigkeit, das ihm geblieben war, womöglich auch noch verlieren.

Diese Gedanken hielten jedoch nicht lange an. Er war von Vorfreude auf die Arbeit und von tiefer Dankbarkeit gegen de Mismas erfüllt, hatte das Gefühl eines großen Glücks und ein fast physisches Verlangen nach der erhabenen Schönheit der Dünen, und alle diese Emotionen flossen ineinander über.

Wycliff traf im August als einziger Passagier von Hector Gutierrez, de Mismas' Pilot, in dem Haus ein. Er brauchte einige Wochen, um sich an die Hitze zu gewöhnen, aber als es Oktober wurde, hatte er einen geregelten Arbeitsrhythmus gefunden und eine klare Vorstellung von seinen Forschungsproblemen. Die Dünen waren faszinierender, mathematisch wie ästhetisch, als de Mismas hatte deutlich machen können. Sie lagen ungefähr anderthalb Kilometer vom Meer entfernt im Landesinnern, hatten eine Ausdehnung von knapp fünf Quadratkilometern und erreichten eine Höhe von über zwanzig Metern. Sie grenzten an drei Seiten an eine weite Salztonebene und im Westen an eine krustige Ebene mit dünnem Pflanzenbewuchs. In diesem Bezirk wechselten die Dünen unablässig ihren Platz, Jahr für Jahr, wie Tänzer auf einer Bühne, in einer ungemein komplexen Bewegung, bei der einige Dünen monatelang am Rand oder im Innern des Dünenfeldes isoliert blieben, bevor sie wieder eingegliedert wurden. Dies alles erschloss sich Wycliff auf Wanderungen um und durch die Dünen und aus den Daten, die seine Windmessgeräte in den ersten paar Monaten lieferten.

De Mismas kam zweimal im Herbst mit Gutierrez zu Besuch, wollte aber beide Male nicht, dass Wycliff sich in seiner Forschungsarbeit stören ließ und wegging. De Mismas hörte aufmerksam zu, als Wycliff ihm seine Arbeit beschrieb, und machte jedes Mal mit ihm einen Spaziergang durch die Dünen. Wycliff, der die erste Begegnung mit der nicht mehr ganz so enthusiastischen zweiten Begegnung verglich und innerlich die unterschiedlichen Grade von de Mismas' Aufmerksamkeit abwog, befürchtete, er habe sich zu weitschweifig und langweilig über das Thema windgeformter Dünen verbreitet, de Mismas bereue seine Großzügigkeit vielleicht schon. Kurz vor Weihnachten fragte de Mismas per Fax bei Wycliff an, ob er nicht einen kurzen Ausflug unternehmen könne, wie seinerzeit vereinbart, damit de Mismas das Haus über Weihnachten für sich allein habe. Wycliff gab sich alle Mühe, freundliche Miene dazu zu machen, aber er fühlte sich vor die Tür gesetzt.

De Mismas behielt diese Regelung bis zum Frühling bei; jedes Mal, wenn er von Mexico City heraufkommen wollte, gab er Wycliff Bescheid, dass er das Haus gern für sich hätte. Wycliff war verletzt. Sein Hörvermögen war inzwischen so schlecht geworden, dass er kaum noch Geräusche wahrnahm. Seine Isolation, seine Abgeschnittenheit, war extrem. Zudem sehnte er sich nach der Gesellschaft einer Frau, manchmal bis zum Zerreißen. Dieses Verlangen wurde noch verschärft, wenn er unter den sinnlichen Formen der Dünen einherwanderte und Brisen vom

Meer oder heiße Winde aus dem Landesinnern seinen Körper ebenso beleckten wie die Dünen. Doch er überließ sich diesen Depressionen nicht. Seine Forschungsarbeit – den veränderlichen Radius der Krümmung einer einzelnen Düne zu messen, diesen mit einem Muster jahreszeitlich wechselnder Winde zu korrelieren und Veränderungen in der Höhe einzelner Dünen zu registrieren (als ob das Dünenfeld das ganze Jahr hindurch atmete, ein und aus) –, diese ganze Komplexität beanspruchte seine geistigen Kräfte und wirkte ausgleichend auf ihn.

Eines Tages im Juni kam ein Fax, in dem Ochetó de Mismas mitteilte, er wolle mit zwei weiteren Besuchern kommen, er würde sich über Wycliffs Gesellschaft freuen, und Wycliff möge sich doch darauf einrichten, im Haus zu bleiben und mit ihnen seine Mahlzeiten zu nehmen und vielleicht schwimmen zu gehen.

Wycliff bemerkte den Anflug der Maschine nicht. Er fotografierte gerade hoch konzentriert einen Grat, eine Stelle, an der zwei Dünen einst verschmolzen waren und sich jetzt wieder trennten, als das Schattenkreuz der Cessna durchs Bildfeld glitt. Er blickte auf und sah das blau-weiße Flugzeug mit den Tragflächen wackeln und in die Windrichtung drehen. Er packte Notizbuch und Ausrüstung zusammen und ging zurück zu seinem Honda-Trike.

Wycliff fuhr just in dem Moment mit einem Gepäckanhänger auf der Rollbahn vor, als Hector die Motoren abstellte. Hector winkte ihm vom Pilotensitz. Wycliff sah, dass de Mismas über die Tragfläche auf der anderen Seite ausstieg, um seinen Passagieren zu helfen, und er fuhr den Anhänger dorthin. Aus irgendeinem Grund hatte er mit zwei von de Mismas' Geschäftspartnern gerechnet – nichts im Haus deutete daraufhin, dass er jemals mit seiner Familie herkam –, aber es waren zwei junge Frauen. Sie waren teuer und modisch gekleidet, wie de Mismas auch, als ob sie alle gerade von einer Party kämen. De Mismas sah wie immer wie aus dem Ei gepellt aus. Er erinnerte sich wieder an de Mismas' kultivierte Stimme, seinen tiefen, singenden

Tonfall, der perfekt zu den eleganten Bewegungen passte, mit denen er jetzt den Frauen in ihren Stöckelschuhen die zweistufige Leiter des Flugzeugs hinunterhalf. Alle drei hatten undurchdringliche Sonnenbrillen auf. Eine der Frauen trug ein weißes Seidenkleid. In dem strahlend hellen Licht konnte Wycliff den Schatten ihres Slips und, als ein Wind um die Maschine strich, den Abdruck ihrer Brustwarzen und die Wölbung ihrer Schenkel erkennen. Trotz der Hitze und der Enge des Flugzeugs wirkten beide Frauen frisch – selbstsicher und schwungvoll. Wycliff hielt sie zunächst für Models. Er erwartete, sie mit lässiger Langeweile dahinschlendern zu sehen. Doch dann fiel ihm auf, dass ihre Brüste zu groß waren, und sie kamen ihm auch zu heißblütig vor, um Models zu sein. Augenblicklich war ihm klar, dass sie de Mismas' Frauengeschmack verkörperten, dass er sie zu seinem Vergnügen mitgebracht hatte. De Mismas machte ihn mit Estrella, mit blau-schwarzer Mähne, und mit Mora, im weißen Kleid, bekannt und fragte, ob er Hector helfen möge. Die Frauen lächelten ihn an, reichten ihm freundlich die Hand und schritten Arm in Arm mit de Mismas auf das Haus zu.

Hector hatte bereits angefangen, weiche Ledertaschen und Kühlboxen mit Lebensmitteln auf den Anhänger zu laden. Wycliff konnte Spanisch von den Lippen ablesen, doch Hector erschwerte es ihm, indem er aus Hilfsbereitschaft die Bewegungen der Lippen und der anderen Gesichtsmuskeln übertrieb. Wycliff erfuhr, dass sie gebratene Ente, Kalbfleisch und Lachs mitgebracht hatten. Hector würde alles in der Mikrowelle aufwärmen und die Gemüse und Salate frisch zubereiten. Hector machte mit der Hand eine ausladende Bewegung über die Boxen und schnitt ein theatralisches Verschwörergesicht, als wäre es ein besonders gelungener Schelmenstreich, so gut zu essen.

»Las chicas?«, erkundigte sich Wycliff.

Hector machte eine extreme Schmerz- und Lustgeste, indem er die Beine übereinander schlug und sich mehrmals die Fäuste an den Unterleib zog. Dann schüttelte er heftig die rechte Hand, als ob er sie sich verbrannt hätte.

Wycliff wollte fragen, ob Hector wisse, warum de Mismas ihn gebeten hatte zu bleiben, doch dann fand er, die Frage würde eine Absicht verraten, die er nicht hatte. Hector hatte einen Besenstiel aus dem Gepäckfach gezogen und trat damit an den Rand der Rollbahn, wo er anfing, kleine Steine in die Luft zu werfen und mit wuchtigen Schlägen weit hinaus in die Wüste zu dreschen. Wycliff spürte das scharfe Zischen des Stocks, wie wenn eine Wachtel aus dem Unterholz stiebt, und das Knallen und Jaulen des durch die Wüstenluft sausenden Steins. Doch er hörte weder noch.

De Mismas quartierte die Frauen in einem gemeinsamen Zimmer ein, das auf den Golf hinausblickte und das mit seinem Zimmer verbunden war. De Mismas hatte das Haus mit Keramikarbeiten der Azteken und Mayas und mit Werken zeitgenössischer mexikanischer Bildhauer und Maler ausgestattet. Wycliff hatte die Zimmer noch am Morgen tadellos hergerichtet, und die Frauen, die als Erstes eine Führung bekamen, lobten de Mismas gerade für seinen Geschmack und die Anlage des Hauses, als Hector und Wycliff mit dem Gepäck hereinkamen.

»Mein junger Freund«, fing de Mismas auf Spanisch an und deutete auf Wycliff, »ist ein bedeutender Wissenschaftler, eine international bekannte Persönlichkeit, aber er ist auch ein erstklassiger Haushälter.« Alle lachten außer Wycliff, der lediglich lächelte und nickte. Mora hielt seinen Blick eine Idee länger, als er erwartete, und er schaute weg, bedrängt von ihrer physischen Präsenz und einem in ihm wach werdenden Verlangen, das unter den Umständen verwegen und gefährlich wirkte.

»Wir können uns doch umziehen«, sagte de Mismas nun auf Englisch, »und dann, Glenn, könnten Sie uns erzählen, was Sie so getrieben haben. Die Damen würde das sicher interessieren.«

Wycliff half Hector, frisches Obst und kalten Lachs zum Mittagessen herzurichten. Als er Hectors Blick begegnete, las dieser seine Gedanken, legte eine Hand auf sein Geschlechtsteil und machte dazu ein langes, gequältes Gesicht. Wycliff erkannte in dem Moment, dass sein physisches Begehren ein anderes Verlangen überdeckte, eine genauso verzweifelte, genauso brennende Hoffnung auf eine Vereinigung anderer Art.

Sie aßen zusammen in einem Mirador, einem vom Haus abgesetzten Pavillon, wo der Wind vom Wasser Kühlung brachte. Wycliff erläuterte auf de Mismas' sanftes Drängen hin seine Forschungsarbeit, obwohl er das Gefühl hatte, das Thema sei zu abseitig, er mache sich damit ungebührlich wichtig. Die Frauen hörten aufmerksam zu und stellten sehr zu seiner Überraschung Fragen, die mehr als höflich zu sein schienen. Er fasste sich in seinen Antworten kurz, um sich ihr Interesse nicht zu verscherzen. Wieder gab Mora ihm mit einem direkten Blick und einem gewinnenden Lächeln den Eindruck, dass sie verstand und achtete, was er sagte. Und dass sie ihn mochte.

»Wie wär's, wenn wir schwimmen gehen?«, ließ sich de Mismas vernehmen und erhob sich vom Tisch. Er nickte Hector zu, den Tisch abzuräumen, schickte die Frauen mit einer entlassenden Handbewegung auf ihr Zimmer und fragte dann: »Kommen Sie mit schwimmen, Glenn?«

»Ja, sicher«, sagte Wycliff.

»Gefallen sie Ihnen?«

»Die Frauen?«

»Ja, Glenn. Ist sonst noch jemand da?«

»Na ja, sie wirken sehr... lebendig. Sehr nette Frauen. Gescheit, gut aussehend.«

De Mismas blickte mit der Haltung eines Magnaten über den Golf hinaus. »Wollen Sie eine haben?«

»Haben?«

»Ja! Wozu sollten sie sonst hier sein? Wenn Sie wollen, werden sie die ganze Nacht höflich zuhören, wie Sie komplizierte theoretische Probleme der Turbulenzforschung erörtern – und ich kann Ihnen sagen, sie werden von Ihren Dünenbeschreibungen begeistert sein, wenn Sie erst mal Ihre ekstatischen Anwandlungen kriegen –, aber letzten Endes sind sie zum Ficken hier. Wollen Sie mit Mora schlafen?«

Wycliff konnte nicht antworten, obwohl sein Mund Worte formte. »Es sind saubere Frauen«, erklärte de Mismas. »Da gibt es kein Problem. Gibt es eine Schwierigkeit, die ich nicht sehe? Männer?«

»Nein«, stieß Wycliff hervor.

»Können Sie sie verstehen? Ihr Englisch ist nicht sehr gut.«

»Nein, ich kann von ihren Lippen lesen... bei Mora besser.«

»Also, ziehen Sie sich um! Wenn Sie später beschließen, dass Sie Mora wollen, nehmen Sie sie einfach mit ins Bett. Das schenke ich Ihnen. Es wird mich nicht kränken. Ich achte Sie. Ich achte Ihre Arbeit, und ich bin nicht blind dafür, dass Sie hier draußen einsam sind.«

Er war schon über eine Woche nicht mehr im Wasser gewesen. Er stellte sich gern vor, als ein Staubkorn im großen Golf zu treiben, hart an der mexikanischen Küste in den anrollenden Wellen, deren Energie sich in Wärme umwandelte und die Drehung der Erde unmessbar, geringfügig beschleunigte. Mora schwamm auf ihn zu. Am Strand hatte ihn sein Drang, sie anzuschauen, verlegen gemacht, die üppigen Rundungen ihres straffen Körpers, ihre zarten Gesichtsknochen, die ganz und gar makellose Haut. Ihre grünen Augen.

»Kann ich was für dich tun?«, fragte sie, während sie neben ihm Wasser trat.

»Was?«

»Du verstehst meine Lippen?«

»Ja, sí.«

»Du willst eine Freundin?«

»Ja. Ich bin seit vielen Monaten allein hier.«

»Das ist schlimm. Ich kann das ändern, ja?«

»Wirklich?«

»Ja. Ich mache das, mein ganzes Leben, freie Entscheidung.«

Sie schwamm mit einem Blick davon, bei dem ihm fast das Herz stehen blieb. Er trat mit geschmeidigen, koordinierten Beinbewegungen weiter Wasser, wie ein Lachs vor einem Katarakt. Hector servierte zum Abendessen Kalbfleisch und einen großen grünen Salat. Danach zeigte de Mismas Dias von zwei Reisen, die er kürzlich gemacht hatte, eine nach Athen und die zweite in einen Teil der Wüste Namib, wo Wycliff immer schon hingewollt hatte, zu den riesigen Dünenfeldern um Sossusvlei, westlich von Sesriem und den Naukluftbergen.

»Glenn, das wäre eine Landschaft nach Ihrem Geschmack«, sagte de Mismas jovial. »Aber haben Sie mir nicht erzählt, dass Sie in früheren Jahren nach Tansania gereist sind, um sich Dünen aus Vulkanasche anzuschauen? Und waren Sie nicht auch in Nordalgerien, Gipsdünen studieren?«

»Sie haben ein sehr gutes Gedächtnis, Señor de Mismas.« De Mismas hatte ihm schon den ganzen Abend immer wieder Gelegenheit gegeben, sich stärker in das Gespräch einzubringen, sich mit eigenen Leistungen in Szene zu setzen. Er wollte de Mismas gern trauen, doch irgendetwas ließ ihn auf der Hut sein. Er wahrte respektvolle Zurückhaltung und übertrieb seine Geschichten nicht.

Sie ließen den Abend mit Aquavit im Mirador ausklingen, zu viert, nachdem Hector zu Bett gegangen war. Die Frauen hatten Schultertücher umgelegt. De Mismas spekulierte über die wirtschaftliche Zukunft Mexikos und redete sehr fesselnd über mexikanische Politik, mit philosophischer Gelassenheit und Humor.

»Gehen wir hinein, Estrella?«, sagte er schließlich.

Wycliffs sexuelles Begehren wallte auf, als sie gingen, doch es war jetzt mit anderen Empfindungen durchmischt. Er genoss die Verheißung von Tiefe in Moras Gesellschaft. Er fühlte sich viel ungezwungener als vorher den ganzen Tag. Als Estrella und de Mismas fort waren, beugte Mora sich vor und blies die beiden großen Kerzen auf dem Tisch aus, die im Wind geflackert und getropft hatten.

»Ich kann dich nicht verstehen, wenn ich dein Gesicht nicht sehe«, sagte Wycliff. Mora machte vor seinen Augen eine abwinkende Handbewegung. Wer will schon reden? Unsere Wärme, unsere Hinwendung zueinander, sollte das nicht genug sein?

Sie saßen auf einer schmiedeeisernen Bank. Als er den Arm

um sie legte, rutschte sie näher und lehnte sich an ihn. Sie schauten auf den sternenhellen Golf. Nach einer Weile drückte Mora ihn sanft.

Beim plötzlichen Aufstehen überfiel ihn ein Schwindel, und bei den ersten Schritten durchschoss ihn Angst. Was Stunden vorher als triebhaftes, sexuelles Begehren begonnen hatte, war jetzt ein nahezu schmerzhaftes Verlangen nach Mitmenschlichkeit. Er wusste, dass diese Verabredung, mit ihr zu schlafen, de Mismas' Interesse an ihnen beiden, nicht helfen würde. Er ging auf dem Weg zum Haus dicht hinter ihr, atmete sie ein. Wie ein Mann, der nervös an einer Bogensehne zupft, prüfte er sein Begehren: es war heftig. Er kannte den Punkt von früher; das Sexuelle würde nicht genügen. Er verlangte Grenzenloses, Unmögliches. Er wollte sich unter der Oberfläche der Körper mit ihr vereint bewegen.

Sie traten durch die Schiebetür ins Wohnzimmer, wo Estrella und de Mismas auf der Couch lagen und auf den Großbildfernseher schauten. »*Der Schatz der Sierra Madre, en Español*«, sagte de Mismas. »Haben Sie ihn gelesen, Glenn: Traven?«

Er schüttelte den Kopf. Er konnte de Mismas' Worte in dem gedämpften blauen Licht kaum erkennen.

»Wir gehen zu Bett«, sagte Mora. Sie zupfte ihn leicht am Arm. Alle wünschten sich Gute Nacht. Er folgte ihr in sein Zimmer am anderen Ende des Hauses. Sie blickte sich um und knipste dann das Licht in seinem Badezimmer an.

»Magst du duschen, bis ich zurückkomme?«, fragte sie. Sie sah ihn mit unerwarteter Innigkeit an.

Er duschte. Als sie wiederkam, hatte sie ihre Stöckelschuhe und ein taubenblaues Negligee an. Er saß nackt auf der Bettkante und schaute auf die großen, dunklen Aureolen ihrer Brüste. Sie zog seinen Kopf an ihren Bauch. Er rutschte zurück, schlug die Decken auf, fasste nach ihrer Hand. Sie streifte die Schuhe ab, stieg flink über ihn hinweg und legte sich hin, die Hände auf seiner Hüfte. Die Heftigkeit ihres Begehrens, der Hunger, den er in ihrer Berührung ahnte, erschreckte ihn. Er fragte sich, ob der Liebesakt die Einsamkeit vertreiben oder nur vertiefen würde. Es war, spürte er, ein prekärer Moment für ihn.

»Wenn der Mond voll ist«, sagte er, »und ich vor Tagesanbruch aufwache, gehe ich zu den Dünen hinaus. Manchmal liegt auf dem Sand Tau. Er glitzert – kennst du das Wort? – glitzert im Mondschein, wie Sterne. Die Dünen sehen dann aus wie ein Sternenhaufen, eine Galaxie, weithin bis zur Sierra de San Antonio. Es ist, als ob man außerhalb des Weltalls steht und zurückblickt.

Denkst du je über solche Sachen nach?«, fragte er sie.

Sie bewegte leicht den Kopf, nein, an seiner Brust.

»Ich denke darüber nach. Vielleicht sogar noch mehr als darüber«, sagte er und umfasste zärtlich ihre Brust. Er legte sich zurück und zog sie an sich, bot ihr seine Schulter. Er wollte ihr trauen, an die Echtheit ihrer Hingabe glauben, doch er konnte sich nicht rühren.

Nach einer Weile merkte er, dass ihre Finger sanft auf seine Brust pochten. Er hob den Kopf und schaute. Sie legte einen Finger ans Ohr und deutete dann mit weit offenen Augen zur Decke. Er verstand nicht. Sie tippte an ihre Schläfe, wie als Aufforderung zu lauschen, und machte dann mit der Hand eine abrupte Wellenbewegung, die, unverkennbar für ihn, Wind bedeuten sollte.

Er trat ans Fenster. Ein Sturm war an der Küste aufgekommen und fegte landeinwärts. Die Hände an die Wand gepresst, fühlte er, was er nicht hören konnte.

Mora, nackt, hatte eines seiner T-Shirts angezogen. Als ihre Blicke sich trafen, bedeutete sie ihm mit einer geschmeidigen Geste, mit ihr nach draußen zu gehen. Er suchte nach seiner Hose und überlegte dabei, was er für sie zum Anziehen hatte.

Sie blickte ihn immer noch unverwandt an. »Auch du gehörst niemandem«, sagte sie, reckte ihm leicht das Kinn entgegen und lächelte.

Die starken Böen würden sie tüchtig durchpusten, dachte er, bis sie die Dünen erreichten. Dann würde warme, ruhige Luft sie umhüllen und die Strömung des Windes tief über ihnen hinwegbrausen, wenn sie in ihrer Mulde in den Dünen lagen.

Die Järve

In den Ruby Mountains, wo der Sanumavik River entspringt, soll seit Menschengedenken eine Familie von Järven leben. Das erste Mal hörte sie ich nur nebenbei erwähnt, wie es oft der Fall ist mit solchen Dingen, die in einem abgelegenen Dorf bekannt werden und sich im Nachhinein als erstaunlich oder befremdlich erweisen.

Eines Abends spielte ich Ball mit einem Jungen namens Narvalaq, einem zwölfjährigen Jungen aus dem Dorf am Koanik River im Einzugsgebiet des Sanumavik. Ich fing einen Wurf nicht und musste den Ball aus dem Fluss fischen gehen. Er war im flachen Wasser gelandet, das über eine Kiesbank rieselte, wunderschöne Flusskiesel – rote, graue, grüne, braune. Zurück ging ich langsam, vornübergebeugt, und sah mir die Steine an, die der Fluss glatt geschliffen hatte und die jetzt im späten Abendlicht glänzten, jeder so hell wie ein Tierauge.

Narvalaq kam herbei und sagte: »Die Järve oben am Fluss, der Karibu-am-Kopf-gepackt heißt, sie gehen so. Daran erkennt man sie.«

Ich nickte. Ich nahm mir vor, darüber nachzudenken, denn es interessierte mich sofort, was er da sagte. Erst dachte ich, er meinte, dass sich die dort oben lebenden Järve die Steine oder andere Dinge im Fluss ganz genau anschauen, dass sie aufmerksamer beobachteten, als andere Järve das tun. Aber später in einem Gespräch mit Elisha Atnah, Narvalaqs Vater, erfuhr ich, dass sie einfach gern im flachen Wasser gehen. Wenn diese

Järve vom Karibu-am-Kopf-gepackt einem Wasserlauf folgen, gehen sie gern darin.

»Wie du neulich«, sagte Elisha.

Das Dorf, wo ich das erzählt bekam, heißt Eedaqna. Ein Jahr nach dieser Begebenheit kam ich wieder nach Eedaqna – aber vielleicht sollte ich dir erst ein wenig von mir erzählen, damit du diese Geschichte besser verstehst. Ich bin in der Karibik aufgewachsen, Antiqua, nicht weit davon. Meine Mutter haben wir in einem Hurrikan verloren, im Hochwasser. 1974, als ich acht war, zogen wir nach Tennessee, mein Vater und ich, und ich kam nach Nordalberta zu seinem Bruder. Ich versuchte mich an die Schule zu gewöhnen, als ich dort wohnte, aber es ging nicht. Ich wanderte gern über die Prärie, die Flüsse entlang. Eine Sache, die ich damals machte, war mit Falken jagen. Ich hatte Spaß daran, mit ihnen draußen zu sein und zuzusehen, wie sie am Himmel kreisten und einen Blick auf das Land hatten, den ich nicht haben konnte. Aber ich tat mich schwer, sie in Käfigen zu halten. Auf die Dauer hielt ich es nicht aus.

Mit achtzehn kam ich schließlich nach Edmonton und fing an Propellerflugzeuge zu reparieren, und mit der Zeit wurde ich richtig gut darin. Ich habe eigentlich immer gute Jobs gehabt. Jede neue Stelle – Peace River, Fort Smith, Yellowknife – führte mich weiter nach Norden. 1989 zog ich nach Kaktovik, wo ich immer noch wohne. Ich habe noch keine Familie gegründet, was mir ganz recht ist, aber meinen Freunden in den Küstendörfern und oben in der Brooks Range passt das nicht. Sie reden nicht mehr so häufig mit mir, weil ich keine Familie habe. Keine Kinder. Sie finden es merkwürdig. Aber in ihrem Leben gibt es auch Merkwürdigkeiten.

Ich hatte Narvalaqs Worte nicht vergessen. Ich fand es interessant, was er über die Järve gesagt hatte. Deshalb kehrte ich bei der ersten sich bietenden Gelegenheit, als eine Cessna 206 dort abstürzte, nach Eedaqna zurück. Vielleicht, dass jemand mir mehr erzählen würde. Ich redete mit einem alten Mann, der mit mir an dem Flugzeug arbeitete, Abraham Roosevelt, und versuchte das Gespräch auf Järve oben am Sanumavik zu bringen. (Ich kann bei dem Thema nicht anders, ich muss immer hintenherum anfangen.) Erst sagte ich, ich würde vielleicht nach Eedaqna ziehen. Kann sein, sagte er. Ich sagte, vielleicht gehe ich im Winter Fallen stellen und dann im Sommer in den Norden nach Kaktovik, an Flugzeugen arbeiten. Er sagte, könnte sein, dass ich das mache. Dann sagte ich, wenn, dann wollte ich gern Fallen stellen, wo niemand sonst hinkam, selbst wenn ich jeden Tag einen langen Weg zu meinen Fallen hätte. Er sagte, das wäre vielleicht nicht schlecht. Was er meinte, wo ich hingehen sollte, fragte ich. Da gäb's viele Möglichkeiten, sagte er. Wie wär's mit den Ruby Mountains, sagte ich, oben im Quellgebiet des Sanumavik, ob das zu weit wäre? Das ist kein guter Platz, sagte er, gar nicht gut. Warum? Er sah mich einen Moment an, dann machte er sich wieder an einem der Vergaser zu schaffen. Er redete von einer Familie, die beim Absturz dieser Maschine viel verloren hatte. Jetzt bemühten sich alle, den Leuten zu helfen. Später sagte er zu mir: »Die Järve, die dort oben leben, am Sanumavik, die mögen es nicht, wenn Leute Fallen stellen. Sie dulden das nicht dort oben.«

Dieses Gespräch, bei dem ich erstmals von der Einstellung dieser Järve erfuhr, war im Frühling 1990. Im folgenden Winter lernte ich eine Frau namens Dora Kahvinook kennen, die in Kaktovik lebte, aber aus Eedaqna war. Sie gewann mich lieb, und ich mochte sie auch gern. Sie erzählte mir Geschichten, die ich bei ihr nicht erwartet hätte, Jagdgeschichten über ihre beiden Brüder und ihren Vater. Ich fragte sie, ob ihr Vater oder ihre Brüder je am oberen Sanumavik jagen gegangen wären. Sie sagte Nein. Ich sagte, zwei Leute in Eedaqna hätten mir erzählt, dort oben lebten Järve, die es nicht gern sähen, wenn Menschen dort hochkämen. Sie sagte, das wisse sie nicht, aber es stimme, das erzählten die Leute.

Den Winter träumte ich viermal von Järven. Ich beschloss, wenn es Frühling wurde, wollte ich dort raufgehen, auf jeden Fall. Ich habe, was ich über Tiere wissen will, nie aus Büchern oder vom Fernsehen lernen können. Ich muss in ihrer Nähe herumgehen, an Orten sein, wo sie sich aufhalten. Das war mein Hauptproblem in der Schule. Viele der Geschichten, die es über Tiere zu erzählen gäbe, darüber wie sie leben, über ihre Eigenheiten, wurden nie erzählt. Ich weiß nicht, wie die Geschichten hätten gehen sollen, aber wenn ich durch den Wald streifte oder über die Prärie oder durch die Berge, konnte ich den Dunstkreis dieser Geschichten spüren. Ich wusste, sie waren da, so wie man weiß, dass in einem Fluss Fische sind. Dieses Wissen war es, was ich wollte, und um es zu bekommen, gab es für mich nur einen Weg: losziehen und es suchen. In der Nähe von Tieren sein, bis sie dir etwas zeigen, was du dir nicht vorgestellt oder was du noch nicht gesehen oder gehört hast.

Im Juni kehrte ich nach Eedaqna zurück und fragte Elisha Atnah, ob er mitkommen würde. Ich erzählte ihm von meinem Gefühl, dass die Järve oben am Sanumavik River den ganzen Winter über an mir gezerrt hatten. Dass sie mir keine Ruhe ließen. Der hörte zu, und ein paar Tage später sagte er, er würde mitkommen. Wir zogen den Koanik hinunter und dann den Sanumvik hinauf. Es war ein langer Weg, und wir gingen zu Fuß, wir nahmen keine Trikes. Elisha meinte, es wäre besser, zu Fuß zu gehen. Wir gingen drei Tage. Am Abend stellte ich Elisha Fragen.

»Wie viele Järvfamilien leben dort oben?«

»Bloß diese eine. Aber es ist eine große Familie, sie sind schon so lange dort oben, wie irgendjemand zurückdenken kann. Das ist alles ihr Land.«

»Sind sie von andern Järven verschieden, von denen drüben am Sadlerochit zum Beispiel?«

»Järve sind alle verschieden. Jede Familie ist anders.«

Nach einer Weile kam er darauf zurück. Er sagte: »Järve haben Kultur, genau wie die Menschen, aber für manche Leute sehen sie alle gleich aus, weil sie sie im Kopf haben. Darin unterscheiden sich die Tiere. Fast ihre ganze Kultur – ich denke, das ist das Wort, das ich meine – ist bei ihnen im Kopf.«

»Du meinst Werkzeuge, Trommeln, Winterkleidung – solche Sachen?«

»Genau. Was sie brauchen – Geschichten, die Wegrichtung, ein Verständnis der Welt –, das haben sie alles im Kopf. Manchmal findest du ein Bett, das sie sich gemacht haben, oder ein kleines Haus, vielleicht auch eine Stelle, wo sie den Boden als Tanzplatz markiert haben. Es kann dir passieren, dass du einen Fuchs siehst, der auf einem Stück Holz einen Fluss, den er lang will, runterfährt. Aber du siehst nicht viele solche Sachen. Ihre Winterkleidung – sie kommt einfach aus ihnen raus.«

»Wie geht die Geschichte, die einem sagt, dass man in der Gegend, wo wir hinwollen, keine Fallen stellt?«

»Vor langer Zeit einmal, länger als mein Vater zurückdenken kann, stellten wir dort in der Gegend Fallen. Marder und Luchse. Flussotter. Minke und Hermeline. Aus irgendeinem Grund fing niemand dort Wölfe. Die Wölfe ließen wir in Ruhe, aber den Järven stellten wir kräftig nach. Der Onkel meines Vaters, Tusamik, der war damals dort, und sein jüngster Sohn fing irgendwann an, an einem bestimmten Fluss alle Fallen zu stellen, die es nur gibt. Der Fluss hieß Wo-der-Mond-das-Tageslicht-verbirgt. Er fand dort ein Karibu, ziemlich weit aufgefressen, und er legte ringsherum Fallen aus. Er kam erst fünf Tage später wieder, ungefähr – zu viele Tage. Er verstand nicht, dass dieses Land sehr großzügig zu uns war. Er hatte eine Järvin gefangen, einen Vorderfuß, einen Hinterfuß.« An diesem Punkt stand Elisha auf und zeigte mir, wie die Järvin ausgestreckt war. »Aber die Järvin, sie stand auf einem Wolf drauf! Sie hatte sich sein Leben geholt. Ihn getötet. Und im Schnee war auch Blut von einem anderen Wolf. Tusamiks Sohn sah sich an, was passiert war, die Spuren von jedem Tier. Die Järvin war zuerst mit dem Vorderfuß in eine Falle getreten. Dann waren die beiden Wölfe angekommen. Das Karibufleisch lag da, aber aus irgendeinem Grund wollten sie das Leben in dieser Järvin haben, und so versuchten sie es sich zu holen. Die griffen sie von zwei Seiten gleichzeitig an. Die Järvin, sie tötete den ersten Wolf auf der Stelle – und die ganze Zeit sprang sie mit dieser Falle am Fuß herum. Dann trat sie in die zweite Falle, mit dem Hinterfuß, und sie konnte sich nicht mehr groß bewegen. Aber sie hatte den anderen Wolf schon verletzt. Er lief weg. Der Junge meinte, das Ganze hätte sich vielleicht zwei Tage, bevor er hingekommen war, zugetragen.

Die Järvin war böse. Sie sagte dem Jungen, aus und vorbei, die Järve würden das nicht mehr mitmachen. Der Junge sagte, es täte ihm Leid, doch die Järvin sagte, nein, fürs Erste ist Schluss mit Fallenstellen. Sie hatte zu viele Tage auf ihn warten müssen.

Deshalb fangen wir dort jetzt keine Tiere mehr. Wir gehen nicht sehr viel dort rauf.«

Am nächsten Tag gingen wir vom Sanumavik weg, den Karibu-am-Kopf-gepackt hinauf. Als wir an einen Ort gelangten, wo die Tundra hügelig und offen war, mit nur wenigen Bäumen, Weiden, sagte Elisha, er würde jetzt gehen. Er sagte, ich sollte mich einfach dort hinsetzen und warten. Am Nachmittag sah ich zwei Järve auf dem Kamm eines Hügels. Sie kamen dicht an den Fluss hinunter, wo ich saß, und legten sich auf der anderen Seite in die Sonne schlafen. Ich war an ein paar Felsen zurückgerutscht, die ganz warm von der Sonne waren, und schlief auch ein. Ich träumte von den Järven. Es war Nacht. Ich sah die beiden am Hang auf dem Rücken liegen. Sie redeten. Sie bedeuteten mir, herüberzukommen und mich neben sie zu legen. Ich tat es. Auf der ganzen Tundra war es dunkel. Sie redeten über die Sterne.

»Du musst Acht geben«, sagte einer von ihnen. »Wir werden dir etwas zeigen.«

Ich schaute in den Himmel auf, und an einem Rand der Milchstraße sah ich, dass etwas anders war. Die Sterne bildeten an diesem Rand ein flimmerndes Muster. Es war wie Wasser, das im Sonnenschein über eine flache Stelle fließt.

»Schau hinein«, sagte einer der Järven. »Schau mitten hinein.«

Ich schaute in das Muster. Da war ich ein Vogel, blickte von hoch oben auf das Wasser hinab wie ein Fischadler, auf einen Fluss durch die Tundra. Ich sah viele Dinge in der Strömung schwimmen. Fische. Am Grund des Wassers sah ich Muscheln, Sand, die Farben von Antigua. Dann Blätter, die sich in der Strömung drehten, wie früher im Herbst im Hatchie River in Tennessee. Ein Blatt war das Gesicht meines Vaters. Andere Leute. Dann das Gesicht eines Wildhundes, ein tolles Tier, krank. Ich erinnerte mich, dass mein Vater im Wald mit diesem Hund kämpfte. Dann lange Zeit Blätter – die Gesichter von Tieren, die ich in Tennessee und danach in Alberta im Wald gesehen hatte. Die Blätter hatte viele Farben und Formen. Tulpenbäume und Pappeln. An einige Gesichter, einige Tiere erinnerte ich mich. Ich wurde traurig und wollte meinen Blick abwenden, aber ich konnte nicht. Ich erinnerte mich jetzt an alles, an jedes einzelne von diesen Tieren.

»Ich habe Angst«, sagte ich. »Ich will jetzt runter, wieder auf den Boden.« Aber nichts geschah.

»Mach weiter«, sagte einer der Järve.

Schaute ich flussaufwärts, war das Wasser grün. In der anderen Richtung, flussabwärts, war es blauer. Unter mir war es ganz durchsichtig. Blätter trudelten dort. Der Fluss strömte über eine Kette schwarzer Berge in weiter Ferne, durch einen dunkelblauen Himmel. Ein Wind wehte, und mir war kalt. Ich wollte runter. Dann sah ich mich unten stehen und hinaufschauen, die Augen mit dem schweren Falknerhandschuh abschirmend, in der anderen Hand die Wurfriemen. Ich winkte.

»Das ist unsere Kraft«, sagte einer der Järve.

Als ich hinschaute, in stilles Wasser, zitterten die Gesichter wie Espenlaub im Wind. Tiere, die ich erkannte –, Schwarzbär, Schnappschildkröte, Lerchenfink, Monarchfalter, Kornnatter, Wolfsspinne, Stachelschwein, Goldspecht, Muskallunge –, Erinnerungen an vergangene Tage. Zitterten wie Blätter an einem Ast. Ein Vorhang aus Weidenblättern, durch den Sonnenlicht blinkte. Ich hörte mein Herz schlagen, gleichmäßig, laut. Ich lag am Boden, mit dem Rücken seitlich an warmen Felsen. Ich blickte durch Flussweiden auf einen Hang. Die Järve waren nicht mehr da.

Ich setzte mich hin und schaute mich nach Elisha um. Er war auch nicht da. Ich watete durch den Fluss. Wo die Järve gelegen hatten, war das Gras zerdrückt, aber es gab keine Spuren. Ich stand lange da, betrachtete den Himmel, die Hügel, die ganze Gegend.

Von dort, wo ich stand, sah ich drüben die Stelle, wo Elisha mich verlassen hatte, bei einer Felsgruppe, die mit hellen orangegelben Flechten betupft war. Auf einem der Felsen sah ich etwas. Ich watete zurück und ging hin. Es war ein Weidenstock, über einen halben Meter lang und krumm wie ein kleiner Bogen. Er war so geschnitzt, dass er wie ein laufender Järv aussah, den Rücken seltsam hochgebuckelt, wie sie es immer machen, wenn sie sich eilig fortbewegen. Um den Hals hatte er eine Schnur mit zehn Järveklauen hängen. Er sah zu stark aus, ich nahm ihn nicht. Ich ließ ihn auf dem Felsen liegen und setzte mich hin, um auf Elisha zu warten.

Nach einer Weile nahm ich den Järvstock und hielt ihn auf dem Schoß. Elisha kam aus einer Richtung, in die ich nicht schaute, vom Sanumavik. Wir gingen dorthin zurück und übernachteten. Er sagte, die Järvklauen stammten vom linken Vorderfuß und rechten Hinterfuß. Von einer Järvin, sagte er. Ich erzählte ihm, wie ich die Tiere aus meiner Vergangenheit gesehen hatte. Ich fühlte sie rundherum. Ich hatte das Gefühl, etwas in meinem Kopf zu haben, das vorher nicht da gewesen war. Er sagte, das freute ihn.

Elisha wusste nicht, was das Stocktier zu bedeuten hatte. Er meinte, ich sollte es in der Hand halten, es nicht in meinen Rucksack stecken. Er sagte, wir könnten jemand fragen, wenn wir wieder in Eedaqna waren.

Die Läuferin

Meine Schwester und ich haben seit langem kein gutes Verhältnis. Als wir jünger waren, lag es an politischen Differenzen, an ihrem Abfall vom Glauben, an der Wahl ihrer Männer – in zwei Fällen saß sie hinterher völlig mittellos da. Sie ist zwei Jahre älter, aber in unsern Zwanzigern fing ich irgendwie an, sie als die Jüngere zu sehen. Jetzt, wo ich siebenunddreißig werde, muss ich mich daran erinnern, dass *ich* der Jüngere bin.

Eine Tatsache, der ich wohl oder übel ins Auge sehen muss, ist, dass ich angefangen habe, sie zu bewundern, nachdem ich viele Jahre lang auf sie herabgeblickt habe. Noch schwerer fällt es mir nach all den Jahren der Kritik zuzugeben, dass mein Beweggrund, den Kontakt zu ihr aufrechtzuerhalten, der Wunsch ist, sie kennen zu lernen. Ich möchte versuchen, ein gähnendes Loch voller Wut und Reue zu schließen, das mir jetzt erst sichtbar wird.

Sie können sich vielleicht die Lappalien vorstellen, die uns auseinander brachten. Es ist mir peinlich, wie vorhersehbar meine Entwicklung war, jetzt, wo ich verstehe, wie wenig sie sich in all den Jahren geändert hat. Ich kehrte mich von einer Politik ab, die naiv war und unbrauchbare Lösungen für nicht auszurottende Probleme proklamierte, während sie an einer Politik der Ideale festhielt – aller geschichtlichen Erfahrung zum Trotz, die uns lehrt, dass die Menschen selbstsüchtig und unersättlich sind. Was die Ehe betrifft, die sie früh schon als eine Lebensform ansah, die ihr nicht entsprach, will ich nicht lügen und behaupten, ich hätte mich ehrenhaft verhalten, wenn denn sich lieben und sich ehren in einer Ehe austauschbare Begriffe sind. Ich heiratete eine Frau, die ich liebte, aber ich hätte sie nicht geliebt, wenn sie nicht praktisch und aufopfernd gewesen wäre, wenn sie nicht Kinder gewollt und mir geholfen hätte, mein Jurastudium zu Ende zu bringen. Mittlerweile sind wir geschieden. Wenn ich zurückblicke auf unsere gemeinsame Geschichte, erscheint das unvermeidlich. Vielleicht wird die Annäherung an Mirara, die ich mir wünsche, eines Tages genauso erscheinen.

Ein diffiziler Bereich, über den Mirara und ich, vermute ich, uns nicht leicht werden einigen können, ist die Religion. Wir sind katholisch erzogen worden. Ich bin immer noch praktizierender Katholik, wie man sagt, aber die Scheidungsfrage und andere Punkte wie etwa der Widerstand der Kirche gegen soziale Reformen in Lateinamerika haben meinen Eifer etwas gedämpft. Ich glaube dennoch, dass die Kirche in andern Fragen Mut beweist und im Recht ist – bei der Abtreibung zum Beispiel und in ihrer Weigerung, die Homosexualität gutzuheißen (auch wenn man das Beispiel der Nächstenliebe anführen mag, das Christus gegeben hat). Ich glaube nicht, dass Mirara jemals abgetrieben hat, aber nichts entzweit uns so wie dieses Thema. Sie hat keine religiöse Zugehörigkeit, nur ihre Freunde und ihr einsames Wandern und Laufen, ein Leben, das durchaus seinen Reiz hat, aber in dem alle moralischen Fragen im Unklaren bleiben, ohne eindeutige Gesetze.

Hierin liegt vielleicht unser wesentlicher Unterschied. Ich habe immer den Standpunkt vertreten, dass man sich an Gesetze halten muss (ob ich danach gehandelt habe, sei dahingestellt), Mirara dagegen hat meistens nicht nach Gesetzen gefragt. Sie ist natürlich nicht gesetzlos, nicht kriminell, aber sie hat eine Art, sich über Gesetze zu erheben, die ich nicht nur anstrengend finde, sondern anarchisch, potenziell zerstörerisch. Das glaube ich wirklich.

Dass zwischen Mirara und mir eine Tür aufgegangen ist, verdanke ich dem letzten Menschen, von dem ich es erwartet hätte, einem Klienten aus Phoenix, der ein großer Immobilienbesitzer ist, aber auch risikofreudig und bereit zu leicht abseitigen Investitionen. Bei unserem regelmäßigen Frühstückstreffen reichte er mir einen Ausschnitt aus der Flagstaffer Zeitung, eine Meldung über eine Frau, die an einem ungenannten Ort im Grand Canyon National Park drei große Anasazi-Vorratskrüge gefunden hatte. Der Meldung zufolge waren die polychromen Krüge, in makellosem Zustand und nicht ganz einen Meter hoch, inzwischen Teil einer neuen Ausstellung am Canyon. Die Frau, so die Meldung weiter, hatte sie vor einigen Jahren beim Klettern auf der Nordseite gefunden.

Ich wusste beim Lesen des Abschnitts genauso sicher, dass die Frau meine Schwester war, wie ich witterte, weshalb Hamilton ihn mir gegeben hatte.

»Was meinen Sie?«, fragte er. »Wir bringen ein paar von diesen Tausendsassas von der Northern Arizona University oder vom Prescott College dazu, das für uns zu machen. Wir zahlen ihnen einen festen Satz, tragen die Kosten der Fahrt – außerhalb des Parks, versteht sich –, und sie liefern dafür die Sachen ab, die sie finden. Gegen eine angemessene Vergütung. Meine Überlegung sieht so aus. Der Südwesten ist zum größten Teil von Amateurbuddlern abgegrast worden. An den leichten Stellen ist nichts mehr zu holen. Die letzten Sachen liegen an Orten, wie dem hier, wo niemand hinkommt außer diesen durchtrainierten jungen Typen mit ihrer hypermodernen Kletterausrüstung. Wir schicken sie in diese Canyons im Colorado Plateau, sagen ihnen, sie sollen zu jeder Höhle hochklettern, die sie sehen – das wär doch was, oder? Was wir bekommen, verkaufen wir, oder wir behalten es oder stiften es sogar, je nachdem, was geraten scheint.«

»Wenn Sie die Parkwacht wären, Ham, oder vielleicht das Heard Museum, könnten Sie solche jungen Leute vielleicht dazu kriegen. Aber Sie haben da keine Chance. Die sind zu unternehmerfeindlich, zu idealistisch.«

»Dann gründen wir eben eine Stiftung. Was sagt das Gesetz dazu? Kann man behalten was man auf staatlichem Grund und Boden findet, solange es kein Nationalpark ist oder so? Oder wenn wir uns einfach an private Grundbesitzer halten würden, da wären wir rechtlich völlig gedeckt. Die jungen Leute würden Spaß dran kriegen, Steve. Naturschutz, Indianer. Für solche Sachen leben sie. Das könnte sogar mich begeistern – tolles Abenteuer, echtes Risiko, reeller Gewinn. Genau wie die Profisportler. Menschenskind!«

»Ich schau mir die Gesetzeslage an. Es gibt Bundesgesetze, und Arizona hat noch eigene Bestimmungen. Ich glaube nicht, dass das etwas für Sie ist.«

»Meinethalben. Reden wir später drüber. Hier habe ich noch was«, sagte er. Er reichte mir einen Ausschnitt aus der Zeitung von Bisbee, über antike Zinnsachen.

Als ich wieder im Büro war, fotokopierte ich die Meldung über die Anasazi-Krüge, schrieb »Bist du das?« obendrauf und schickte den Zettel an Mirara in Winslow. Drei Tage später erhielt ich ihn zurück, mit einem Ausrufezeichen hinter meiner Frage. Am selben Abend rief ich sie an. Wir unterhielten uns über die Krüge, wir versuchten uns über andere Sachen zu unterhalten – ihre Stelle in der Oberstadtdirektion, unsere Eltern in Michigan, die inzwischen im Ruhestand waren, sogar über das diesjährige Footballspiel zwischen den Teams unserer beiden Unis (Notre Dame gegen Michigan, 38 zu 17) –, aber das alles führte zu nichts.

Aus einem Grund, den ich nicht erklären kann – und zu dem Zeitpunkt eher für eine Überreaktion hielt –, fuhr ich an dem Wochenende zum Gran Canyon, um mir die Krüge anzuschauen. Sie waren sehr schön. Ich las das getippte Beiblatt, auf dem stand, was Mirara mir bereits erzählt hatte – dass die Töpfe aus einer kleinen Höhle in einer Steilwand stammten, fast fünfzig Meter über der Talsohle. Aber in welchem Verhältnis stand Mirara zur Parkwacht? Eine Aufseherin in der Ausstellung war eisern – keine Auskünfte, auch nicht, als ich ihr erzählte, ich sei

Miraras Bruder. Sie sagte, ich solle mich an den Parkarchäologen wenden. Nach einem Moment der Peinlichkeit, als ich zugeben musste, dass ich darüber, was meine Schwester tat, sehr wenig wusste, erzählte mir dieser Mensch, Mirara sei »einfach eine gute Freundin des Parks«, und sie habe über die Jahre noch andere Sachen im Canyon gefunden – Figuren aus geflochtenen Weidenruten, Tonkrüge, sogar Reste von Rindenkleidungsstücken.

»Die Fußwege im Canyon«, erklärte er, »kennt Mirara, glaube ich, besser als irgendwer sonst. Sie war die Erste, die Pfade zum Fluss hinunter durch den Specter und den Matkatamiba gefunden hat, auf der Südseite. Ich weiß, dass sie zwei oder drei Strecken vom Nordrand hinunter entdeckt hat. Sie sollten sich mal mit ihr darüber unterhalten.«

Ich ignorierte den Seitenhieb. Specter und Matkatamiba waren Seitencanyons, nahm ich an.

»Haben Sie Ihre Adresse?«, fragte er. »Ich befürchte, sie steht nicht im Telefonbuch.«

Mein Gott, dachte ich. »Ja, ich habe ihre Adresse. Wir hören regelmäßig voneinander. Die Sache ist einfach die, dass ich über diesen Teil ihres Lebens nicht viel weiß.«

»Tja, er ist ihr hundertmal wichtiger als ihre Arbeit, das kann ich Ihnen sagen.«

»Vielen Dank. Schön, dass ich das jetzt weiß. Ich denke, ich werde sie anrufen und sie mal einen Abend in Flagstaff zum Essen einladen. Sie waren mir eine große Hilfe. Vielen Dank.«

Ich rief wirklich an. Sie sagte, sie würde am späten Abend gern etwas für uns kochen, wenn ich die Fahrt von Flagstaff auf mich nehmen wolle.

Unterwegs dachte ich mehr an den Canyon als an Mirara. Unsere Eltern waren mit uns hingefahren, als wir Kinder waren, 1968. Mirara kam von da an jedes Jahr wieder. Ich machte eine Fahrt mit den Pfadfindern mit. Wir wanderten auf dem Bright Angel Trail ins Tal zur Phantom Ranch und fuhren dann auf Flößen den Colorado hinunter durch die Unkar und Hance und

Sockdolager Rapids. Der Gedanke daran stimmte mich reumütig. Obwohl ich auf dieser Fahrt so viel erlebt hatte, blieb es für mich dabei. Carol und ich fuhren zwei- oder dreimal mit den Kindern hin. Carol wollte dort oben ein Haus kaufen, und Geoffrey und Lisa waren begeistert, aber ich konnte mich nicht wirklich dafür erwärmen. Mir kam es vor wie ein Ort, wo man als Kind hinfährt, und dann fährt man mit seinen Kindern hin.

Vielleicht konnte ich es ja noch einmal machen, den Weg hinunterwandern, mit dem Floß durch die großen Stromschnellen fahren. Als ich an jenem Tag über den Canyon schaute, nachdem ich Mirara angerufen hatte, fühlte ich mich animiert.

Mirara, stellte sich heraus, hatte zwei gebrochene Rippen, und aus dem Grund hatte sie sich auch nicht mit mir in Flagstaff verabreden wollen. Und sie hatte einen Besucher, einen jungen Mann namens Ned Wearny, der am Prescott College studierte. Es ärgerte mich, dass er da war. Er war viel zu jung für meine Schwester – was jetzt?, dachte ich, als wir uns die Hand gaben –, und er machte es mir unmöglich, offen zu sprechen. Im weiteren Verlauf des Essens jedoch wurde mir Ned mit seiner Intensität und seinen Geschichten über Bergsteigen in Nepal und Trommelunterricht irgendwo in Afrika sympathischer. Er war ein sehr ernster und entschlossener junger Mann. Ich kam nicht dahinter, weshalb er bei meiner Schwester war, aber Mirara hatte bisher mit Männern kein Glück gehabt, vielleicht war das jetzt eine neue Orientierung. Ich hatte sie einmal gefragt, wann sie zu heiraten gedenke. »Ich bin sehr glücklich«, hatte sie mir erklärt. »Das soll nicht heißen, dass ich nie heiraten werde. Aber ich halte nicht sehnsüchtig Ausschau.«

Sie hatte sich die Rippen die Woche zuvor bei einem Sturz im Canyon gebrochen. Ich wollte mehr über ihr Wandern und Klettern erfahren, aber ich scheute mich, den Abstand zwischen uns vor dem jungen Ned zuzugeben. Also gab ich vor, mehr zu wissen, als ich wusste, was zur Folge hatte, dass ich mehr über Ned erfuhr als darüber, was meine Schwester tat.

Nach dem Essen musste ich fort. Ich wollte zurück nach Phoenix, auch wenn es schon sehr spät war, um am Morgen frühzeitig im Büro anfangen zu können. Ned wollte wissen, ob ich ihn nach Flagstaff mitnehmen würde. Er hätte Freunde da. Selbstverständlich, entgegnete ich. Ich sagte Mirara, dass ich sie am nächsten Abend anrufen würde. Ihre Art hatte mich richtig bezaubert. Sie hatte kleine Marotten, die mich ein wenig nervten – bestimmte Handbewegungen, einen Slang, den sie sich über die Jahre angewöhnt hatte –, aber sie lenkte das Gespräch so, dass Ned von sich erzählen konnte, und ich musste mir nicht irgendwelche Musik anhören, worauf sie früher immer bestanden hatte.

»Wo haben Sie Mirara eigentlich kennen gelernt?«, fragte ich Ned, als wir auf der Interstate waren.

»Na ja, ich hatte von ihr gehört, nicht, so wie alle, aber richtig kennen gelernt hab ich sie beim Wandern im Canyon, als ich einmal solo den Nankoweap gegangen bin.«

»Nankoweap Trail?«

»Ja, drüben auf der Nordseite. Der Weg hat's in sich. An manchen Stellen ist er nur zehn Zentimeter breit, echt gefährliches Geröll. Kein Wasser. Ich bin ihr an einer Stelle begegnet, wo man ziemlich leicht aneinander vorbeikommt. Wir haben hallo gesagt. Sie war mitten im Laufen, nicht, deshalb wollte ich sie nicht ansprechen. Aber ich wusste sofort, das ist Mirara Graham.«

»Sie ist den Pfad hinunter*gelaufen?*«

»Nein. Hinauf. Es war September, nicht, ein trüber Tag. Kühl. Sie lief mit zwei Wasserflaschen in den Fäusten. Ich nehme an, sie war bereits am Ende gewesen und jetzt auf dem Rückweg, das heißt, sie muss schon im Dunkeln losgerannt sein, lange vor Sonnenaufgang. Das ist ziemlich gewagt.«

»Aha.«

»Tja, so ist sie, Ihre Schwester.«

»Sagen Sie mal – ich will nicht neugierig sein –, aber Sie und Mirara... äh...«

Er schaute mich ausdruckslos an. Keine Hilfe.

»Seid ihr zusammen?«

»Sie meinen, ob wir was miteinander haben?«

»Ja.«

»Nein, nein. Ich geh sie ab und zu besuchen, um mit ihr zu reden, über die Wanderwege und so. Insgesamt hat Mirara vielleicht achthundert Tage im Canyon zugebracht. Sie ist alle bekannten Wege gelaufen, und ungefähr zehn hat sie selber entdeckt. Außerdem ist sie dort unten überall geklettert. So hat sie auch die Krüge gefunden. Und so Funde hat sie auch schon ungefähr zehn gemacht, würde ich mal vermuten. Sie sieht eine Stelle und klettert hin. Über die Jahre, nicht, hat sich der Canyon verändert. Einige der Bergmannswege vom Ende des 19. Jahrhunderts, die damals breit genug für den Erztransport waren, gibt's heute nicht mehr. Weggebrochen. Die meisten der wirklich alten Wege, die Anasazi-Wege, gibt's sowieso nicht mehr. Felsrutsche, Erosion. Auf einmal sieht man dann diese isolierten Höhlen, zu denen überhaupt kein Weg führt, einfach in der nackten Steilwand. Von denen hat sie etliche gefunden und ist zu ihnen hochgeklettert.«

»Sind da sehr oft Anasazi-Keramiken drin?«

»Manchmal. Aber es ist nicht so, dass sie nach so was sucht, das dürfen Sie nicht meinen. Sie wandert und klettert und läuft einfach. Und manchmal findet sie halt was.«

»Sie reden also mit ihr über die Wege?«

»Klar. Obwohl – ach, viele von uns, fünf oder sechs Leute, die ich kenne, reden überhaupt gern mit ihr, egal worüber. Mit ihr zusammen zu sein ist unheimlich bereichernd. Sie hat sich was vorgenommen, sie macht es, und sie will nichts anderes machen. So einem wie mir – ich bin zwanzig und weiß noch nicht, was ich machen will – tut sie einfach gut. Sie ist herzlicher, konzentrierter als irgendjemand sonst, den ich kenne.«

»Wandern Sie oder laufen Sie mit ihr?«

»Sehen Sie, das ist der Punkt. Du möchtest schon gern. Aber es kommt nur ganz selten vor, dass sie dich fragt. Und wenn sie's tut, Junge, Junge, dann darfst zusehen, dass du in Form bist.«

»Sind Sie mal mit ihr mit gewesen?«

»Zweimal. Einmal den Atwater runter, vom Nordrand in den westlichen Canyon, das andere Mal den Enfilade Point Trail runter, auch vom Nordrand. Harvey Butchart ist den Enfilade um 1961 rum als Erster gegangen, aber den Atwater hat Mirara entdeckt. Die Parkwacht nennt ihn Atwater nach irgendeinem Bergmann. Sie nennt ihn anders. Er war ursprünglich ein Anasazi-Weg.«

»Waren das gute Touren?«

»Zum Fürchten waren sie, mein lieber Mann. Ich will sagen, man muss einen bestimmten Stand haben, um mit ihr mithalten zu können. Ich meine, nicht bloß körperlich mithalten. Psychisch und spirituell vor allem. Auf diesem Atwater Trail, da gibt es ein paar halsbrecherische Stellen – hundertfünfzig Meter Redwall unter dir, fünfzig Meter über dir und ein Pfad, der nicht breiter ist als deine Schuhe. Du musst dich zusammenreißen. Da bist du psychisch gefordert. Und spirituell – da musst du dir klar werden, woran du glaubst, wenn du mit ihr zusammen bist, denn woran sie glaubt, das siehst du. An der Art, wie sie sich bewegt. Sie läuft diese ganzen langen Wege, nicht, direkt am Rand, den Widforss und die Übrigen. Beobachten Sie sie mal, dann sehen Sie, dass ihr Schritt, ihre Balance mit den Händen, dem Gelände vollkommen angepasst ist. Absolut vollkommen. Es ist wunderschön.«

»Versucht ihr – verzeihen Sie, für mich ist das alles neu –, versuchen Leute, auf diesen Pfaden Rekorde zu laufen, die schnellste Zeit runter und wieder zurück oder so?«

»Einige machen das. Ich denke, Mirara ist wahrscheinlich ziemlich schnell, aber mit Schnelligkeit hat sie's nicht. Was sie macht, was ich zum Beispiel mit ihr auf dem Enfilade gemacht habe, war, wir sind ein Stück gelaufen und dann eine Klamm hochgeklettert, hundertfünfzig Meter, und dort haben wir vielleicht Piktogramme oder Felszeichnungen gefunden. Oder Hirsche oder Dickhornschafe beobachtet, die gerade eine Wand hochstiegen. Sie schaut dann so konzentriert hin, dass man in dem Moment keine Chance hat, von ihr eine Antwort auf irgendwas zu bekommen. Und ich weiß von andern Malen, wo sie ganz runter ist, mit der Strömung über den Fluss und einen andern Pfad wieder hoch. An einem Tag. Im Dunkeln los, im Dunkeln zurück.

Du lernst viel, wenn du mit ihr zusammen bist. Sie sieht einen Haufen Sachen, die du selbst nicht mitkriegst, aber sie gibt dir nie das Gefühl, dass du deswegen dumm bist. Und du weißt, dass du mit ihr zusammen etwas Unglaubliches sehen wirst, weil sie sich dem Ort mit Leib und Seele verschrieben hat, und auf die Art dankt er's ihr halt.«

Ich wollte Ned erzählen, wir wir den Canyon 1968 zum ersten Mal besucht hatten, aber konnte keine Worte finden, die sich nicht so anhörten, als wollte ich mich als Mitwirkenden bei einer Sache darstellen, von der ich keine Ahnung hatte.

»Ich hab mal eine Geschichte über sie gehört – man hört eine Menge Geschichten über Mirara, und sie hört sie auch gern, weil viele davon nicht wahr sind, aber die hier ist wahr –, dass Leute auf einer Floßpartie sie am Rand des Flusses entlanglaufen sahen. Kurz vor den Grapevine Rapids überholten sie sie das erste Mal. Nun gibt es aber, so viel ich weiß, um die Grapevine herum keinen Pfad, nichts, doch als diese Leute zu Mittag unterhalb der Stromschnelle anlegten, sahen sie sie wieder, und da sie nicht nass war, wussten sie, wussten die Führer, dass sie irgendwie daran vorbeigekommen war. Sie war da am andern Ufer und lief einfach den Fluss entlang. Eine Stunde später ungefähr überholten sie sie wieder. Sie läuft manchmal wie ein Hirsch, hoch auf den Zehenspitzen, dazu die langen Beine, nicht, sodass einem fast der Atem stockt, wenn man ihr zuschaut. Wenn sie sooft allein in den Canyon geht, hängt das, glaub ich, damit zusammen, dass ganz wenige Leute, nicht einmal wirklich gute Freikletterer, diese Balance haben. Sie hat so einen Hunger, und den stillt sie, indem sie mit dieser Balance durch den Canyon läuft.«

Ich setzte Ned vor einem Lokal in Flagstaff ab.

»Wissen Sie was«, sagte er, als er ausgestiegen war, durch das offene Beifahrerfenster, »wenn Sie dazu was lesen wollen, sollten Sie sich drei Bücher von Harvey Butchart besorgen. Sie heißen *Grand Canyon Treks, One, Two* und *Three*. Das ist ein guter Einstieg. Butchart ist aus einer anderen Zeit, aber er ist so was wie ein Pionier, nicht. Riechen Sie mal rein, und dann rufen Sie Mirara an. Sie wird sich bestimmt unheimlich freuen.«

»Wissen Sie«, sagte ich, »ich lauf selber, in Phoenix. Dieses Frühjahr bin ich im Marathon 2:31 gelaufen. Ich sollte mich mal auf diese Canyonpfade wagen. Vielleicht würde ich Mirara ja treffen, was?«

»Na ja, wie gesagt, mit der Art Laufen hat sie's nicht so.«

»Ich weiß, ich weiß. Ich meine bloß, wenn ich die Ausdauer habe, die physische Ausdauer, dann könnte ich – dann hätte ich vielleicht wenigstens die Voraussetzung für das Übrige. Für einen Versuch.«

»Das könnte doch sein.« Er klopfte leicht auf den Türrahmen und nickte. »Machen Sie's gut, Mr. Graham«, sagte er und verschwand in das Lokal.

In Neds Freundlichkeit schwang ein leiser Zweifel mit, der mich bis nach Phoenix begleitete. Als ich ankam, war ich unsicher, ob ich es jemals schaffen würde, meine Schwester zu erreichen, ob ich diese Distanz jemals aufholen konnte.

Motti von *Winterchronik:* William Pitt Root, »Song of Recognition«, aus *Striking the Dark Air for Music,* 1973, Copyright © 1973 by William Pitt Root und Jorge Luis Borges in Zusammenarbeit mit Margarita Guerrero, Vorwort zu *Einhorn, Sphinx* und *Salamander. Buch der imaginären Wesen,* nach den Übersetzungen von Ulla de Herrera und Edith Aron bearbeitet und ergänzt von Gisbert Haefs, Hanser, München und Wien 1982.

Die Verse, an die sich der Erzähler in »Winterchronik 1973: Gänse, sie flogen im Gewitter« erinnert, stammen aus dem Gedicht »Artic« (1977) von William Pitt Root. Copyright © 1977 by William Pitt Root.

»Bisons« wurde ursprünglich unter dem Titel »Intentions in North America: The Buffalo« im *Chouteau Review* veröffentlicht.
»Der Mann, der die Wörter liebte« erschien ursprünglich im *North American Review.*

»Das Ersuchen der Wiideema« wurde ursprünglich im *North American Review* veröffentlicht, »Die Järve« erschien erstmals in *Orion* und »Pearyland« im *Outside*-Magazin.